MUSE OF THE GODS

古印度文明的神話與哲思

諸神的繆思

孟飛，林之滿，蕭楓 編著

從哈帕拉到孔雀王朝，
婆羅門教到佛教，
深度探索古印度的文化與科學成就

探索失落的哈拉帕文化，
古印度文明如何繁榮而衰落？

從吠陀時期到孔雀王朝，從《奧義書》到佛教哲學，
王朝更替揭示了何種宇宙觀與生命價值？

種姓制度與繁複宗教，塑造出千年印度傳統社會，
數學、醫學、天文、哲學，看古印度如何以文明來啟發世人！

目錄

目錄

古印度文化

古印度的自然科學與技術

目錄

古印度文明的起源

古印度文明形成的天然條件

　　印度之名源於印度河，梵文曰「辛度」（Sindhu），意為海洋、江河。在古代，印度並不是一個國家的名稱，而是一個地理概念，指的是包括現在的印度、巴基斯坦、孟加拉、尼泊爾和不丹等國的領土在內的整個印度次大陸。印度次大陸位於亞洲南部，總面積約 430 萬平方公里。印度是一個半島，狀如不規則的倒三角形，有人就具體地將印度比喻成一個碩大無比的牛隻乳房，並相應將印度洋上的明珠斯里蘭卡比擬成從這乳房流出的一滴乳汁。正是這碩乳和乳汁孕育了輝煌的古印度文明。

　　印度次大陸全境大致上以溫迪亞山脈和訥爾默達河為界分為南北兩個區域。水是生命之源，沒有水就沒有生命，也就沒有人類文明，所以人類文明離不開水，古印度文明當然也不例外。印度北部有印度河和恆河兩條大河。印度河發源於岡底斯山以西，全長約 3,180 公里，流入阿拉伯海，流域面積達 96 萬平方公里，所形成的印度河流域是印度古代文明的搖籃。

　　恆河發源於喜馬拉雅山南麓，全長約 2,580 公里，流入孟加拉灣，它所流經的地方形成了世界上最大的三角

洲，世界三大宗教之一的佛教也誕生於此。印度河和恆河流經的區域有土地肥沃的沖積平原。這裡先後產生了燦爛的印度河文明和恆河文明，成為古代印度的政治經濟和文化中心。印度次大陸南部是一個三角形的半島，以德干高原為主體。德干高原西高東低，平均高度為海拔 600 公尺。南部沿東西海岸分別蔓延著東高止和西高止、兩條山脈。沿海岸地區氣候潮溼，土地肥沃。印度次大陸地形特點是，平原和河谷盆地遼闊，可耕地面積大，發展農業經濟的自然條件優越。

印度次大陸北部溫帶和亞熱帶乾旱氣候，南部為潮溼的熱帶氣候。季風在印度次大陸很盛行，每年 4 至 12 月多刮西南季風，11 月至翌年 3 月則多有東北季風。由於北部的喜馬拉雅山好像一道屏障，使來自印度洋的季風雨返回而降於恆河流域，所以恆河流域的與量充沛。印度河流域的雨量比較小，但來自高山的大量雪水流入印度河，因此水量充沛。

印度次大陸資源豐富。這裡有茂密的原始森林，盛產各種木料。銅礦和鐵礦的儲量很大。銅礦主要在拉賈斯坦和比哈爾南部。早在西元前 2000 年，這裡的銅礦就已被開採。鐵礦分布在卡納塔卡、比哈爾南部等地區。約西元前

8 世紀，鐵器已廣泛用於生產。在南部的安得拉地區，有很多錫礦。金礦和銀礦則主要分布在卡納塔卡一帶。印度還盛產各種寶石和珍珠。金鋼石的產量和品質均位於世界各國前列。

　　古印度文明就是在這樣一片廣闊、富饒的土地上興起和不斷發展的。

哈拉帕文化的發現

　　印度河流域非常適合發展農業，因為這裡的水源充盈，一年一度的洪水氾濫帶來大量的富有養分的淤泥，覆蓋沿河地帶，土地十分肥沃。農民不需要複雜的生產技術就能收穫莊稼。不過，河水氾濫也給農民的生產和生活帶來了很大的危害。而面對來勢兇猛的洪水，靠小村落的力量是遠遠不夠的。於是，農民逐漸往較大範圍去發展，大約在西元前 3000 年，印度河平原地區出現了一些大的村鎮，古印度也隨之開始了向城市文明的過渡。約西元前 2300 年，這裡產生了早期印度最早的文明 —— 哈拉帕文化。

　　雖然現在看來古印度文明有如一顆璀璨的明珠，但它

的光芒直到西元 1920 年代才被人們發現。由於它的遺址首先是在印度哈拉帕地區發掘出來的，所以通常稱為「哈拉帕文化」；又由於這類遺址主要集中在印度河流域，所以也稱為「印度河文明」。哈拉帕文化的年代約為西元前 2300 年至前 1750 年。

古印度文明的發現，與歐洲人對印度的侵略密切相關。西元 14、15 世紀時期，歐洲列強看準了印度的黃金、珠寶，對印度展開了侵占和掠奪。其中在印度河谷拉維河的沖積平原，綿延 2.5 公里的地方，到處都是殘垣斷壁和破碎的泥磚。儘管英國人已經占領了這塊地方，但沒有人去注意這些破碎的泥磚下埋藏著什麼。

19 世紀初年，一個叫詹姆斯‧劉易斯的英國人懷著對神祕東方的嚮往，應徵來到英國的東印度公司的軍隊，開始了他非同一般的印度之旅。他生性散漫，喜歡漂泊，對如何鎮壓當地人以及個人的仕途並不感興趣，而是熱衷於尋古與探險。不堪軍隊刻板生活的他索性私自逃走，從軍隊逃了出來，開始了他的探險考古生涯。詹姆斯‧劉易斯偽裝成一個美國工程師，化名查爾斯‧邁森，打算漫遊印度實現自己的長久以來的願望。

西元 1826 年，劉易斯在穿越今天巴基斯坦的旁遮普地

區時，被這裡的一片山丘上的廢墟深深吸引。在這裡一塊不規則的多岩石的高地上，儘管歲月侵蝕，仍然依稀可見磚石城堡的廢棄的城牆，到處散落著的東方風格的壁龕，以及建築物的遺蹟。在夕陽的照耀下，這一片廢墟閃爍著神祕之光。他仔細檢視這些斷壁殘垣後，直覺告訴他這可能是一座已經廢棄的古城，並根據摩亨佐達羅出土的國王—祭司像，猜想這可能是古羅馬的歷史學家曾經提到的東方之城桑卡拉。他在日記中生動地描述了古城遺蹟，並為此地取名叫「哈拉帕」。正是他的發現和記載，人們才知道了哈拉帕的存在。但是，劉易斯畢竟不是考古學家，他對哈拉帕的造訪，也就到此為止了。令人遺憾的是，邁森的發現在當時並沒有引起太多的關注。

11 年後，又一位年輕的探險家亞歷山大・伯恩斯再次造訪了哈拉帕。除了那些裸露的斷壁殘垣，他也沒有新的發現。此後，英國在印度的考古隊在西元 1853 年和西元 1856 年勘察了這一地區兩次，他們一致認定，這裡曾經出現過一個古代城市，但對它的年代和重要性的探究，並沒有突破性進展。邁森以及伯恩斯等人的考察，為後人的考古發掘提供了重要線索。直到西元 1970 年代初期，當旁遮普成為英帝國統治下最繁榮的農業省時，英國政府意識到

印度的地下文化寶藏可能價值連城，於是，便將印度古文明的考古發掘列入重要的議事日程。

　　隨著對印度寶藏探尋熱情的升溫，英國殖民當局於西元 1873 年成立了印度考古研究院。亞歷山大‧坎寧安被委任為考古局長。他首先探訪了邁森日記中提及的哈拉帕。但是，當他來到這片廢墟時，已經再也無法找到城堡的任何遺蹟了。原來，英國當局為了修建縱貫這一地區的鐵路，將大部分哈拉帕遺址那些做工精緻的磚石用來鋪做路基了。坎寧安得知後痛心疾首，為搶救這個遺址，他決定去發掘。由於遺址破壞嚴重，發掘獨角獸印章工作進展緩慢，被迫停工。他的唯一收穫是發掘了一枚石製的印章。印章用黑色的皂石製成，上面刻著一頭公牛和六個無法釋讀的文字。這是一枚西元前 3000 年古印度河文明的典型物件。

　　遺憾的是坎寧安也與哈拉帕文化失之交臂。當時坎寧安作出了一個錯誤結論，認為這枚印章是從外國傳入印度的。儘管如此，前人的發現特別是坎寧安發掘的黑色印章，仍為後來的考古學者提供了重要的線索。

　　西元 1902 年，躊躇滿志的約翰‧馬歇爾來到印度後，繼任為印度考古勘察總監。他根據坎寧安等人留下的線

索，指揮各支考古隊在哈拉帕等地繼續發掘，但一直沒有
進展。

研究員 J·H·弗利幫馬歇爾的事業帶來了轉機。弗利
用印度河文字的印章特仔細研究了大英博物館收藏的哈拉
帕出土的印章文字，正確地判斷道：印章文字絕非婆羅米
字母系統，也不同於兩河流域蘇美人的楔形文字，它的年
代必定比人們的想像更為古老。

在馬歇爾和沙尼在哈拉帕發掘的同時，R·D·班納基
也發掘了死亡之丘 —— 摩亨佐達羅。兩地的發掘揭示出一
種相同的古代城市文明，即學者們所謂的「哈拉帕文化」。

至此，馬歇爾可以驕傲地向全世界宣布：他與同伴們
發現了一種極為古老而獨特的偉大文明，而且它是在印度
河流域自身獨立發展起源的。

哈拉帕文化印象

哈拉帕文化是古代印度青銅時代的文化，它代表了一
種城市文明。這一時期的國家是以一個或幾個城市為中心
結合周圍的村落而形成的。大城市有哈拉帕、摩亨佐達羅

和甘瓦里瓦拉。這三座城市的占地面積均為 1 平方公里左右，居民約各有 35,000 人。還有規模較小的城市，如卡利班甘只有 0.22 平方公里。儘管城市的大小不一，但其建築格局相類似。城市分衛城和下城兩大部分，甚至蓋房用的小磚和砌城牆用的大磚，其長、寬、高的比例都大致上一致，為 4 ： 2 ： 1。這並非偶然的巧合，而是充分說明哈拉帕文化各地之間存在著密切的交流。

哈拉帕文化的城市以摩亨佐達羅留存的遺蹟較多，也最能體現這一時期城市的特徵。摩亨佐達羅的衛城建在較高的山崗上，四周圍以磚牆。其中心地區有一個磚砌的大浴池，長 12 公尺，寬 7 公尺，深 2.4 公尺，池壁有防水的瀝青層。兩端的階梯通向池底。這個浴池大概是人們舉行宗教儀式時沐浴淨身的地方。

衛城東面是一組建築物，其中的一個大廳，面積約 170 平方公尺。南邊有一排建築物，包括一個 25 平方公尺的廳。這些建築物無疑是城市的辦公地點和公眾聚會的地方。衛城的西面有 27 排建築物，帶有通風孔道，是堆放糧食的倉庫。倉庫的周圍有一些供勞動者居住的小房舍。從衛城的建築來看，這裡是城市的統治中心。

哈拉帕的早期銘文，西元前 3000 至前 2600 年。摩亨

佐達羅的城市建築，在一定程度上反映了當時整個社會的狀
況。衛城的城牆和辦公用房，顯示統治權力的存在和凌駕於
普通勞動者之上的國家機構已經形成。住宅的差別，表現出
居民貧富的分化和階級對立的存在。這一時期的城市國家，
無疑是建立在階級對立基礎之上的。不過，要詳細地說明哈
拉帕文化的結構和城市國家的政治特點，是相當困難的。因
為，作為文明重要指標之一的文字，在哈拉帕文化的遺址中
雖已發現，但這些文字至今尚未譯讀成功。由於無法運用文
獻資料，只有依據考古資料來作一些分析。

據考古資料，可知哈拉帕文化是由多種文化成份構成
的。從遺址中的遺骸來看，有地中海人、南方古代人、蒙
古人等等。居民的葬式有各種不同的土葬和火葬方式，表
現出不同的社會風俗特點。宗教習慣也多有不同之處。摩
亨佐達羅、卡利班甘等城市建了大浴池，有與沐浴相關的
宗教禮儀。而西元前 3000 年的一條珍貴項鍊，使用金珠
子、瑪瑙珠、碧石珠，滑石和綠石珠組合而成，在摩亨佐
達羅有出土，洛塔爾則沒有。不過，洛塔爾設有火祭壇，
這種火祭壇又見於卡利班甘。因此，在多種文化成分構成
的哈拉帕文明中究竟何者占主導地位，至今還難以定論。

哈拉帕文化城市國家的分布情況，也沒有完全清楚。

據現有的資料，僅大致上可以認為哈拉帕、摩亨佐達羅和甘瓦里瓦拉是三個較大的城市國家的都城，或是城邦聯盟的中心所在地。這三個城市的勢力範圍較大。

甘瓦里瓦拉靠近印度河五條支流的匯合處，周圍的居民點密集，農業較發達，並與拉賈斯坦的銅產地及其銅器製造地相鄰。它在控制農產品和銅產品的加工、貿易方面起著重要的作用。哈拉帕位於印度河上游，北部的小喜馬拉雅山脈、西部的蘇來曼山脈和西南的北拉賈斯坦蘊藏了豐富的礦產，旁遮普則有茂密的原始森林。在控制礦產和森林資源方面，哈拉帕有相當的勢力。摩亨佐達羅位於印度河下游，距哈拉帕約 600 公里。周圍分布著許多大小不一的城鎮和村落遺址。古代印度與西方交流的三條重要通道，即波蘭山口、俾路支斯坦南部平原和通往阿拉伯海的港口都由它控制。摩亨佐達羅所處的位置，表示它的功能更多地是往其他城鎮輸送資源產品，以及與西方的兩河流域、波斯灣地區進行貿易。這三座城市在社會經濟生活中發揮了不同的作用，其文化特點也多有相異之處。哈拉帕的手工業品有花色多樣的陶器，印章上的動物形象豐富多彩，陪葬品也各式各樣，顯示其居民有不同的文化背景。摩亨佐達羅的文化則表現出較強的統一性。

關於城市國家的政治體制情況沒有確實的記載，人們只能根據考古發現作一些推測。哈拉帕文化的遺址中未見大型的王室墓地，可能強大的王權還沒有形成。遺址中出土了近兩千枚印章。它們可能是權力與所有權的象徵。印章上的圖形有獨角獸、公牛和山羊等等。在圖形印章中，刻有獨角獸的最多，約占 60%；其次為刻有公牛的印章，且這兩類印章分布也較廣泛。據此，可以推測源於獨角獸氏族和公牛氏族的人在哈拉帕文明的統治階級中占有較重要的地位，國家權力機構中還留有一些氏族制度的勢力。

軍隊是維護統治的工具，據考古發現，我們可以知道這些城市國家已組建了軍隊。在遺址中發現許多三角形、球形的哈拉帕遺址出土的陶製手鐲，精細得像一件不透明的瓷。西元前 3000 年，石塊或陶塊是用於作戰的兵器。印度河流域邊緣地帶有一些孤立的哈拉帕文化遺址，出土物多為這一類的石塊和陶塊，還有燒製陶塊的窯，這些很可能是城市國家派出的軍隊的營地。在哈拉帕文化遺址中未發現製作精良的兵器。摩亨佐達羅出土的長矛單薄，矛頭易彎，箭頭也很小。種種跡象顯示，哈拉帕文化時期的城市國家軍事力量並不發達，這為後來雅利安人的侵入留下了有利的時機。

　　哈拉帕文化的結構和國家政治情況雖還沒完全清楚，但考古遺物充分顯示，這一時期的社會生產力水準是相當高的。摩亨佐達羅城市的設計和建築物，在同時期的其他文明古國非常少見。哈拉帕文明的經濟已形成一個經營方式多樣的、規模巨大的體系。廣泛散布的農業村落，表示農業經濟是文明的基礎。耕地主要為沿河肥沃的土地。農產品種類較多，大麥和小麥是主要作物。哈拉帕文化遺址出土的大量人體骨骼，幾乎未見因營養不良造成的疾病，也未見牙齒因日常食物不同而具有不同的磨損和腐蝕狀況。而後者在埃及和兩河流域是常見到的。居民的貧富在食物方面表現不明顯，說明了農產品供給是較充裕的。除農業外，還有許多畜牧業村社和採集部落，散落在印度河流域。

　　一尊約製於西元前 3000 年的男性軀幹雕像於哈拉帕出土，這具雕像具有一種內在的張力和象徵生命的活力，現存新德里博物館。這時的手工業和商業也比較發達，富商們擁有大量財富。在巴納瓦利城遺址（位於今日哈里亞納邦）的幾座房屋中出土了印章、砝碼，還有大小不一存放著糧食、珠寶等各式各樣物品的儲藏罐。商人不僅從事內陸貿易，而且與兩河流域等地有較密切的貿易往來。

　　並且手工業分工比較細密，有固定的產地。在今天已乾涸的加格爾河兩岸，有許多手工業作坊的遺址。這些作坊有的是燒製陶器、磚塊，有的專為陶器上釉，還有的冶制銅製品。哈拉帕文明遺址出土的石像、陶像、青銅像等表現出高超的工藝水準。例如，摩亨佐達羅出土的青銅舞女鑄像，高 11.43 公分，身段苗條，肢體修長，神態安祥自若，造型十分優美。女陶像多頭戴角狀物，胸部、臀部豐滿，表現出女性生育能力的特點。

　　內部聯絡密切，是哈拉帕文明經濟方面重要的特點之一。哈拉帕、摩亨佐達羅和卡利班甘三座大城市在經濟方面各有自己的特點和作用。它們作為哈拉帕文明的經濟中心，連接起散布在印度河流域廣闊地區的城鎮和村落。

　　值得一提的是，印度河流域度量衡制度也較為統一。計量用青銅尺或介殼尺，單位長度前者為 0.9 公尺，後者為 0.6 公尺，均為十進位制。重量砝碼，單位重量為 0.875 克。目前還沒有證據顯示印度河流域已形成一個統一的國家。在政治上還未達到統一的條件下，城市的分布如此合理，其作用如此具有特點，度量衡如此具有統一性，充分顯示哈拉帕文明社會生產力的發展水準已達到一定高度。與世界其他早期文明相比，哈拉帕文明是毫不遜色的。

哈拉帕文化的失落

　　哈拉帕文化存續的時間並不是很長，西元前 1800 年前後，曾經輝煌的哈拉帕文化突然消失了，昔日繁華的城市成為了一片廢墟。在遙遠的過去，哈拉帕和摩亨佐達羅人到底遭遇了什麼？是殘酷的屠殺嗎？還是什麼？接下來的千年中發生了什麼事？哈拉帕文化究竟是如何毀滅的？對於這些問題我們無法從那時期的文獻中尋找確切的證據，為了回答以上問題，考古學家和歷史地理學家從不同角度進行研究，提出了各種假說。其中最有代表性的說法有三種。

　　外族入侵說。持這一觀點的先驅者是英國考古學家惠勒（Robert Eric Mortimer Wheeler）。他的主要論據是：在摩亨佐達羅遺址的最上層有格鬥和暴力廝殺場面的遺蹟，留下了不少像是被殺戮的男女老幼的遺骨。比如在一個街區，發現的 9 具屍體堆在一起，像是被匆匆扔進一個坑裡；而在另一所房屋，裡面的屍骨顯示出被武器砍傷的痕跡。惠勒認為，在距今三千多年前，這些城市遭到了外族的入侵，而入侵者就是來自西部的遊牧部落雅利安人。他們打敗了摩亨佐達羅的居民，消滅了當地的文化，哈拉帕文明

因此衰落。但目前還沒有證據顯示，是外族部落的大規模入侵毀滅了哈拉帕文明。

地質和生態變化說。這一假說認為：文明的衰落是由於地質以及生態變化等自然因素造成的，比如洪水、河流改道等等自然和生態的變化，慢慢地或頃刻間毀滅了哈拉帕文明。比較有力的論據是，在摩亨佐達羅晚期存在著大量淤泥，在舊址上層新建的建築雜亂無章，顯然是人們試圖在洪災過後，重拾城市的繁華，但巨大的損失又使他們無力做到這一切，只能建一些簡單的房屋，容納那些不幸的無家可歸的人。無疑，洪水氾濫和河流的改道同時威脅著生存，許多人只好遠離家園，尋找新的生存地。久而久之，城市便逐漸成為荒蕪之地。但將一個盛極一時的哈拉帕文明的毀滅歸因於地質以及生態變化，證據還嫌不足，這個假設還不足以定論。

大爆炸說。這一假說大膽而又新奇，由英國學者捷文鮑爾特和義大利學者欽吉提出。他們推測在西元前1800年左右，一艘外星人乘坐的核動力飛船不慎在印度河流域上空爆炸，對地面的居民造成了毀滅性的災難。他們的論據是文獻的記載和考古發現的佐證。在史詩《摩訶婆羅多》中，確實有類似爆炸這樣的記載：

　　空中響起了幾聲震耳欲聾的轟鳴，接著是一道耀眼的閃電。南邊天空一道火柱沖天而起，比太陽更耀眼的火把天空割成兩半。空氣在劇烈燃燒，高溫使池塘裡的水沸騰起來，煮熟的魚蝦從河底翻了起來。地面上的一切東西，房子、街道、水渠和所有的生命都被這突如其來的天火燒毀了。四周是死一樣的寂靜……

　　以上幾種假設都沒有得到學術界的普遍認可，關於哈拉帕文化衰亡的原因還有待於進一步的研究和考證。

　　雖然印度河流域文明衰落了，但對後來印度文化發展卻有很大影響。它的許多成就透過後來文化的繼承而流傳下來。如哈拉帕文化的農業傳統對雅利安從遊牧轉向農業定居生活發揮促進作用。雅利安的早期陶器、度量衡制度等都與哈拉帕文化的類似。印度河文明的居民對手飾等裝飾品的喜愛，影響到後來印度人的社會生活。印度河文明的宗教的某些因素，如女神崇拜、類似溼婆神的崇拜、生殖器崇拜等都被婆羅門教吸收。所以我們可以看到印度河流域文明沒有因這個哈拉帕文化的毀滅而泯滅，相反，它還是印度文明史的起點，其流傳下來的因素，構成了後來的印度文化的淵源之一，它還是整個古印度文明家庭中不可或缺的一分子。

發展順序及王朝更迭

吠陀時期

✦ 雅利安人入侵印度次大陸

　　大約在西元前 3000 至前 2000 年或更早一點的時候，雅利安人開始來到印度河流域，漸漸地在那裡定居下來。他們不是一次湧到那裡去的，而是一批又一批地遷移去的，在印度河流域立足後再擴大到東面的恆河流域。

　　約西元前 1500 年左右，雅利安人開始大規模進入印度次大陸。約西元前 1500 年至前 600 年，是印度歷史上的吠陀時期，它是古印度文明興起中不可缺少的一部分，是古印度文明的另一個重要階段。

　　早期吠陀時代，雅利安人主要分布在北部印度的犍陀羅和旁遮普等地區，沒有超出哈拉帕文明的地理範圍。他們進入北印度後，與土著居民發生了激烈的衝突和戰爭。

　　雅利安人是遊牧民族，其生產和生活方式與從事農耕的土著居民截然不同，由此而引發衝突是很必然的。就社會生產力水準而言，雅利安人遠不如土著居民。但他們使用戰馬和戰車（馬是雅利安人最早帶進印度的），作戰機動性強；而且處在父系氏族階段，社會組織氏族有較強的凝聚力。而土著居民則多為散居的村落，戰鬥力遠不及雅利

安人。所以雅利安人最終戰勝了土著居民，成為印度河流域的新主人。

至後期吠陀時代，雅利安人開始向東方擴張，直指恆河流域。路線為沿喜馬拉雅山山麓至尼泊爾南部，再向東經過比哈爾的金巴昂地區直至恆河流域。與早期吠陀時代不同，雅利安人東擴大致上是以和平的方式進行的。關於雅利安人以和平方式向恆河流域擴張的事件，人們是有據可查的。

《百道梵書》裡北印度的雅利安系女子說，雅利安人毗德伽‧摩陀婆把聖火阿耆尼含在口中，而聖仙喬達摩‧羅喉伽那卻要他詠唱《梨俱吠陀》。毗德伽‧摩陀摩一開口，阿耆尼滑落而出，滾向東方，直至婆達尼羅河。喬達摩‧羅喉伽和阿耆尼兩人一行追到此地後，得知原來十分潮溼不宜居住的婆達尼羅河東岸，經雅利安祭司用祭祀淨化後，可以用於居住了。但聖火阿耆尼則提醒說，他們還應向更遠的東方前進。阿耆尼是雅利安人的火神，同時還是雅利安人宗教文化的象徵。我們可以清晰地看出這個神話傳說反映的是雅利安人東擴的情況，可以看出，其中並沒有武力征服的痕跡。

✦ 吠陀時期的恆河文明

雅利安人進入印度次大陸時，他們還處在部落社會末期，以畜牧業為主。占領印度河流域後，開始時依然固守著游牧生活的傳統，後來逐漸吸收當地先進文化和生產技術，學會農業生產，懂得利用河水灌溉土地。於是，就這樣定居了下來。農作物和飼養的家畜和哈拉帕文明時基本一樣，不同的是馬比較多。衣著原以毛織品為主，後學會了植棉織布。手工業開始脫離畜牧業、農業而成為單獨行業，製陶業也有了發展。

吠陀時代銅器和青銅器逐漸被使用；商品交換是以物易物，也常常以牛隻作為等價物；沒有城市，只有村落；運輸靠牛車、馬車。從《梨俱吠陀》中也可知道，其中音樂、飲酒、擲骰子和戰車比賽是雅利安人日常生活中常見的娛樂活動，他們也喜愛首飾等裝飾品，表示已與當地文化逐漸融合，並保留了自己獨有的特色。

這時雅利安人的社會組織形式仍是部落氏族家庭結構，實行一夫一妻制，男子在家庭和社會中都占有支配地位，不過女子並不受歧視。氏族社會已逐漸解體，耕畜已私有，土地屬於氏族公社，但由各戶占有使用，定期重新分配。奴隸可賞賜、贈送。不過奴隸主要被用於家庭服

務，很少用於農業和手工業生產。隨著人口的增長，大約西元前 12 至前 11 世紀，雅利安人逐漸向恆河流域推進，那時恆河中下游許多地區被森林覆蓋，沼澤叢生，順河而下很難通行，他們只能沿喜馬拉雅山腳高地向恆河中下游逐漸移動。這是一個漫長的過程。這裡的原居民除達羅毗荼人外，還有屬於澳大利亞語系的孟達人，他們有的被征服，有的則被趕到森林地區。雅利安人又吸收了恆河流域地方文化，其中最顯著的特徵就是學會了種植水稻和吸納了當地某些宗教因素。

在恆河流域，雅利安人的生產力有了新的發展，開始使用鐵器就極具代表性。鐵器出現後，大量用於生產斧頭、犁頭、箭頭、矛頭和刀劍等勞動和戰鬥工具，對開墾恆河流域起了重大作用。

鐵犁出現後，土地可以深耕，大大提高了農業生產的品質。《百道焚書》講到與犁田有關的儀式時提到用 6 頭、8 頭、12 頭甚至 24 頭牛犁地，因此，牛也變得格外珍貴了，而母牛則逐漸被神化。也正是在恆河流域，因雨水充足，水稻成了主要種植作物。棉花、甘蔗的種植增加，水稻和這些作物對灌溉要求較高，這自然推動了水利設施的興修和使用。在《阿闥婆吠陀》中記述了把河水引進新渠道

的一些儀式。

手工業也有了進一步的發展和創新。一些新興的手工行業如雨後春筍般悄然湧現，如鐵匠、編織工、刺繡工、染工等。新的手工行業的出現必然的將帶動一系列的社會發展效益，同時還象徵著社會生產力得到了進一步發展。

商業的發展就更為突出。地方貿易主要商品是鹽、金屬，並形成了一定的商業路線。另一種貿易是與西亞間的對外貿易，陸上通道重要樞紐是塔克西拉，還有海路貿易。除實物交換外，已用貴金屬（金塊）作媒介。在生產發展的基礎上，開始出現少量城鎮。它們既是政治中心，又是商業中心，但規模都很小，不能和摩亨佐達羅、哈拉帕相比。

✦ 聖書《吠陀》

雅利安人在艱難的征服過程中，並沒有把這段血與火的歷史詳細記錄下來，然而，他們留下的《吠陀》，為後人了解古印度文明提供了一個非常生動的依據。《吠陀》包括《梨俱吠陀》、《沙摩吠陀》、《耶柔吠陀》與《阿闥婆吠陀》四部吠陀本集以及闡釋它的《梵書》、《森林書》與《奧義書》，編纂的時間跨度約為西元前 1200 年至前 600 年。《吠陀》是古代印度最早的文獻資料，它既是宗教經典，又是

史料總彙、文學大系，成為雅利安人所創文明的代名詞，被稱為「聖書」。

「吠陀」一詞源於梵語，原意是知識。吠陀經是雅利安人在原居住地以及向南亞次大陸遷徙的過程中創作的，剛開始主要是以口頭相傳的形式流傳下來，因此也有人稱它為「斯羅蒂」，即所聞之意。後來，一些雅利安學者蒐集、整理和再創作這些口傳內容，從而形成一個完整的文獻體系。

《吠陀》是許多人共同努力的創作結晶。《吠陀》的原創者是雅利安部落中主持祭祀的人，早在雅利安人入主次大陸之前，他們就創作並代代流傳下眾多的祭詞和對神明的誦歌，他們當之無愧地成為最早的《吠陀》創作者。由於當時存在四種祭祀官，各自應用頌文禱詞，以後就形成了四部《吠陀》。後來，又有許多祭司和賢者參與了對口頭流傳詩歌的整理，雖然今天人們已無法知道他們的名字，但這些人也是《吠陀》的作者之一。然而，虔誠的婆羅門是不同意這種觀點的，在他們心目中，神聖的《吠陀》是由神創造的，他們稱《吠陀》為天啟文獻，是由天神傳授給祭司和聖賢之人的，因此《吠陀》與稍晚出現的、由聖賢所作的聖傳文獻是有區別的。

　　在四部本集中，《梨俱吠陀》是最古老的，早在西元前1000年以前就已形成，但編纂成書的時期比較晚一點。在歷史的傳承中《梨俱吠陀》共有5支流派，但真正流傳下來的只有沙卡羅一派並據此成書。《梨俱吠陀》絕大部分內容是讚頌吠陀諸神的頌詩，因此又得名《贊誦明論本集》。全書共10卷，贊詩1,028首，其中核心部分是第2卷到第7卷，它們是分別傳給各家流派的，也稱《家傳書》。第10卷是後來的婆羅門祭司加上去的，時間上明顯晚於其他內容。

　　《耶柔吠陀》又稱《祭祀明論本集》，是婆羅門祭祀時吟誦的詩詞以及怎樣祭祀的散文詩。全書共有詩2,000首。相傳《耶柔吠陀》的傳承也有86派或110派，但現在只存兩大派，即《黑耶柔》與《白耶柔》。它們的區別主要在於《黑耶柔》中本頌詩與釋詩相混合，而《白耶柔》卻將二者區分得很清楚。所謂本頌詩，指的就是來自《梨俱吠陀》的對神明的頌歌，即重複《梨俱吠陀》的內容，這在《耶柔吠陀》中占了大量的比重。其他部分是祭詞，這是《梨俱吠陀》中所沒有的，祭詞一詞梵語為「耶柔」，《耶柔吠陀》由此而得名。

　　《沙摩吠陀》又稱《歌詠明論本集》，是婆羅門進行祭祀

活動時為《梨俱吠陀》中的頌詩譜上曲調以便歌唱的彙集，因此實際是學習歌唱，為實踐所用的本集。全書的 1,549 首歌中，大部分來自《梨俱吠陀》，其中只有 75 首例外。

這三部《吠陀》合稱「三明」，其神聖性很早就被確立。《阿闥婆吠陀》的形成稍晚於《梨俱吠陀》，其中有部分內容也許與《梨俱吠陀》同時代。但其神聖性的確立，卻明顯晚於「三明」，這也許是因為其內容所致。與另外三部《吠陀》不同，《阿闥婆吠陀》對神明的讚歌所占比例很小，在現存的 20 卷，731 首詩歌中，大部分是對怨敵、邪惡的咒語和消災的巫術，因此又名《禳災明論本集》，它們主要源於民間，集中反映出當時人們活躍的思想和真實的情感。

作為印度最早的宗教聖典，《吠陀》保留了許多印度宗教的原初形態，例如多神崇拜、自然崇拜、祖先崇拜等等。由於它使用詩化的語言，使人過目難忘，易於詠頌，而且還為後人留下了理解和詮釋的充分空間。所以千百年來，雖然世事變化無常，但《吠陀》的神聖地位始終未變，還在此基礎上形成了一整套文獻體系。

列國時代

大約在西元前 1000 年的初葉，古印度出現了以城堡為中心建立的國家。到西元前 6 世紀，在印度河流域與恆河流域及其周圍地區已經有了 20 多個國家，其中又以 16 個大國聞名，從此開始了古印度史上的列國時代。有關列國時代的史料，主要來源於早期佛教和耆那教的文獻。而佛教文獻更為重要些，所以列國時代又被稱為「早期佛教時代」。

✦ 十六大國

約西元前 600 年，印度次大陸各個部落大部分已經過渡到國家，其中主要的有強大的十六國，佛教文獻習慣地稱為「十六大國」。十六大國包括鴦伽、摩揭陀、迦屍、拘薩羅、跋蹉、阿槃提、俱盧、末羅、阿溼波、婆蹉、蘇羅娑、健馱邏、劍浮沙等等。其中健馱邏、劍浮沙在印度河流域上游，婆蹉在拉賈斯坦，阿槃提在溫迪亞山脈以北，阿溼婆在溫迪亞山脈以南，其餘的都在恆河流域。這說明，隨著雅利安人向恆河流域擴張，恆河流域已經取代了印度河流域成為古印度文明主要的活動舞臺。十六國是指主要的國家而言，事實上，還有一些小國向國家轉變的

部落聯盟存在，如釋迦族的迦毗羅衛國、考利耶國等。所以，十六國只是一個概稱。這些國家都以一個較大城市作為政治、經濟中心，版圖包括周圍農村地區，有的已形成了一定的規模，但都屬於區域性國家。

就政體而論，在這些林立的國家中君主制占大多數，只有少數是共和制。共和制的主要特點是國家元首經推選產生，重大事務由一個高階會議決定。參加這個會議的成員為剎帝利、婆羅門貴族家族首領。這是貴族共和政治，是一種向君主制轉變的過渡形式。國家機器在逐步發展，部落長老會議和全體成員會議名義上還存在，但已失去作用。軍隊已成為領津貼的常備軍，兵種有步兵、騎兵、戰車兵和象軍。王權神授觀念開始出現，神賦予國家以神性需要婆羅門的中介作用，而婆羅門又需要國王的布施，這就為國王與婆羅門的緊密結合、互相依存提供了新的需求和可能。

而宗教和行政是分離的，宮廷有主祭司負責祭祀、占卜和充當國王顧問，但他並不是行政官。國王手下有分別管理行政事務和軍事事務的官員。地方行政官有千村長、百村長、十村長，最基層是村。那時國家立法和司法制度初具雛形，舊的平等的部落立法已失去作用，新的法令由

國王頒布，由此產生的法令具有最高權威性。婆羅門法學家也開始撰寫建立在種姓制度基礎上的法經法典，逐漸形成在本宗教領域內有影響的宗教法。案件由各級官員審理，國王是最高法官。判案以國王頒布法令為依據，宗教法對判案也有一定作用。

稅收是國家的主要收入來源，其中最重要的是土地稅，稅率一般為總產量的 1/6，所以國王又被具體地稱為「六分之一享有者」。已知有專門稅收官員收稅，一般由村社長老協助。

✦ 摩揭陀國的霸業

在不斷征戰中，摩揭陀在列國中脫穎而出，逐漸強大起來。至西元前 4 世紀，整個北部印度幾乎受控於它，至此，摩揭陀成為一個擁有廣闊領土的地域性的霸國。

西元前 6 世紀，頻毗沙羅王（約西元前 544 至前 493 年在位）統治摩揭陀，建都王舍城。頻毗沙羅王所扮演的歷史角色跟中國的秦始皇非常相似，他在經濟上發展農業和鐵礦業，在外交上東聯西併，縱橫捭闔，有統一整個恆河流域的野心。

大約在西元前 542 年，頻毗沙羅王開始了他的統一行

動。為了取得南面的出海口，他選擇鴦伽國為首先消滅的
物件。他首先透過聯姻方式與鴦伽國的鄰國結盟，以孤立
鴦伽國，切斷它與外界的一切聯絡。他接連娶了 3 個妻
子，分別來自強大的拘薩羅國、跋蹉以及旁遮普，這都是
鴦伽國的鄰國。透過聯姻達到政治目的後，見時機成熟，
頻毗沙羅王下令大舉進攻鴦伽國的都城昌巴。昌巴是一非
常重要的具有戰略意義的城市，它不僅是恆河下游的重要
河港，也是通向南方東海岸的重要港口。頻毗沙羅王如願
征服了這個國家，派兒子阿世鎮守。遺憾的是頻毗沙羅王
還沒有來得及完成他的統一大業，就被自己的兒子阿世弒
殺了。

　　西元前 493 年左右，阿世弒父篡位。阿世有著如同他
父親般的野心，他登基後繼續向整個恆河流域擴張。為了
推進摩揭陀國的統一霸業，阿世可以說是六親不認，他首
先進攻了舅舅統治的拘薩羅國，並最終吞併了拘薩羅國。
爾後又開始進攻另一個有親屬關係的鄰國跋蹉，經過 16 年
的艱難戰爭才占領其都城吠舍釐。阿世還是位極富創造力
的有才幹的君主，他結合戰爭中的實際經驗發明了兩種先
進武器：一種是能發射碩大石彈的駑炮，一次可殺死幾十、
幾百人；一種是新式戰車，車上繫有可旋轉的釘頭錘，戰

車馳騁起來有巨大的殺傷力。依靠這兩種新式武器，阿世擊敗了以跋蹉為首的聯盟，成為了東部印度的霸主。由於新攻占的地區都在摩揭陀的北面，加上恆河水運越來越重要，阿世的繼承人烏代因此將都城遷到恆河與宋河的匯合口，建立了華氏城。

摩揭陀國在難陀家族統治時期達到鼎盛，於西元前 4 世紀最終完成了幾代帝王的夙願，統一了恆河流域，使摩揭陀成為恆河流域真正的霸主。這時的摩揭陀領土包括整個恆河流域和部分中印度，成為印度次大陸第一強國。這時其政治、經濟、軍事以及文化都有很大的發展，尤其以軍事的發展最為突出。摩揭陀國的兵種分工已細化，有步兵、騎兵、戰車兵和水兵，還有勞工、偵探和地方嚮導輔助。

軍隊規模也頗為壯觀，據希臘文獻提到，摩揭陀的難陀王朝末年有步兵 20 萬，騎兵 2 萬，戰車 2,000 輛，戰象 3,000 頭。戰車一般是馬拉，也有的是驢拉。步兵穿棉布軍裝，騎兵可能有盔甲，均執有生牛皮做的圓盾、雙刃劍、長弓、鐵鏃竹杆箭。但摩揭陀的末代統治者丹那‧難陀是一位十分殘暴的國王。他橫徵暴斂，引起各階層人們極大的不滿，所以他的統治並不鞏固。這時，一個叫旃陀羅笈

多的人領導人民革命，推翻了腐敗的難陀王朝，建立孔雀王朝。

　　隨著難陀王朝的滅亡，古印度的列國時代由此劃上了句號。隨後孔雀帝國興起，象徵著古代印度進入中央集權制大帝國時期。

孔雀王朝

　　列國時代終結，印度進入孔雀帝國時期。這是印度次大陸歷史上第一次大統一的時期，象徵著印度文明進入一個新的發展階段。

✦ 孔雀帝國的建立

　　孔雀帝國是繼摩揭陀國後古印度的又一個重要王朝，時間大致為西元前 321 至前 187 年。由於其建立者旃陀羅笈多出身於吠陀種姓的孔雀族，因而得名。旃陀羅笈多建立的孔雀王朝統治印度和阿富汗地區達 134 年之久，使孔雀帝國成了與同時代的古羅馬、中國並稱的世界強國之一，名噪一時。

　　建立起孔雀王朝時代的旃陀羅笈多是一個極富傳奇色

彩的人。年輕時曾被當政的難陀王朝驅逐，因此懷恨在心，苦於勢單力薄，所以一直尋找機會復仇以奪取政權。當時，北部印度河流域已經於西元前 518 年被波斯入侵，淪為波斯帝國的一個行省。西元前 327 年，馬其頓國王亞歷山大在滅亡波斯帝國後侵入了印度河流域，亞歷山大試圖乘勝東進，制服恆河流域。但懾於摩揭陀國的強大，加上士兵在連年爭戰中已經厭倦這樣的生活，厭倦了討伐，於是亞歷山大放棄了原來的計畫於兩年後返回了巴比倫。此時，西北地區由於亞歷山大的撤退，留下了一個政治空白，同時也給了時刻準備著的旃陀羅笈多一個天賜良機。

旃陀羅笈多見時機成熟，便發動起義，旃陀羅笈多的軍隊主要由下層人民組成。他領導的革命，是反對外族統治和難陀王朝暴政的人民起義，所以得到了廣泛的支援。

旃陀羅笈多起兵後，矛頭首先直指外來侵略者 —— 馬其頓軍隊，與之進行了激烈的戰爭。約西元前 324 年，他在西北印度自立為王。在沉重打擊馬其頓人後，旃陀羅笈多揮師東下，進攻難陀王朝。善於謀略的旃陀羅笈多並沒有直取華氏城，而是先消滅其他地方的難陀王朝的軍隊。

據說他採用這一戰略，是受到一位婦女的啟發。這位婦女訓斥其子不應先吃盤子中間的食物，而應吃周圍的，

因為盤子中間的食物太燙。游陀羅笈多由此得到啟發，先殲滅了難陀王朝盤據在都城的主力部隊，最後輕易地攻下了華氏城，推翻難陀王朝。隨後，游陀羅笈多回師西北地區。懾於游陀羅笈多強大的力量，馬其頓軍隊主力於西元前 315 年撤出，餘下的小股軍隊在印度苟延殘喘，不久也盡數被游陀羅笈羅的部隊所消滅。這樣，游陀羅笈多征服了北部印度，建立了孔雀王朝，在歷史上第一次統一了北部印度。

在接下來了的 25 年間，孔雀王朝在游陀羅笈羅的帶領下，在軍事和外交上取得了雙豐收。他依靠其軍事力量建立了古印度歷史上第一個統一印度河 —— 恆河流域的大帝國，而且開創性地與西方人建立外交關係。他與希臘人的塞琉古王國建立了友好關係，當時，塞琉古王國將一位公主嫁給游陀羅笈多，並派遣麥加昔尼為駐孔雀帝國大使。作為報答，印度回贈 500 頭戰象給當時的塞琉古王朝尼卡多國王。由於與西方外交關係的建立，使南亞次大陸首次有了較為確切的紀年。

正處於事業頂峰的游陀羅笈多傳位給兒子賓頭娑羅後，離開王宮，流浪各地過苦行僧生活，並按著者那教習慣慢慢絕食而死。

✦ 孔雀帝國發展及衰亡

旃陀羅笈多統治 25 年後，傳位給他的兒子賓頭娑羅（約西元前 300 至前 273 年在位）。賓頭娑羅繼位後，用鐵腕政策大力鞏固帝國的統治，他殘酷地鎮壓了西北印度塔克西拉城的人民革命。在對外關係上，他繼續其父的政策，與西方國家保持友好的外交往來。賓頭娑羅在位時，在政治軍事上最主要的貢獻，同時也是他最重要的行動就是對南部印度的成功擴張。

賓頭娑羅對南印度的征服戰爭，顯示印度次大陸南北地區開始走向統一，具有重要的歷史意義。而這一偉大的事業，最終是由他的兒子阿育王完成的。

約西元前 273 年，賓頭娑羅病死，其子阿育王成為孔雀帝國的第 3 代國王。阿育王是一位有作為的政治家、軍事家、宗教領袖。他在位時期孔雀王朝極盛一時，成為雄踞南亞次大陸的強國。

阿育王是一位極富傳奇色彩的國王，有關他的誕生就有一個宗教神話故事。在梵文佛教故事集《天譬喻經》中有一則故事，叫〈耶獻土〉，說的是有一個名叫耶小的男孩，某天正在街上玩耍，正好遇見佛陀行乞。他沒有什麼東西可以施捨給佛陀，便天真地捧起一把沙土奉獻。這個奉獻

沙土的男孩，後來就投胎轉世為孔雀王朝的皇帝阿育王，他領有全印度廣袤的國土。身為印度孔雀王朝開拓者旃陀羅笈多君王之孫，阿育王沿襲了祖父輩好戰擴張的傳統，在當政期間統一了除印度半島南端外的整個印度。

　　為了不斷擴充所轄版圖，阿育王充分暴露了他人性中兇殘的一面，他親率大軍攻城掠地，屠殺無辜百姓。據文獻記載他在征服南部羯陵伽國時，當地民眾有 10 萬人被殺，15 萬人遭放逐，還有許多倍於此數的人死於戰亂。此次戰爭後，阿育王的思想和統治政策發生了重大變化，開始為自己的暴虐而懺悔，轉而皈依佛教。可以說是放下屠刀，立地成佛。

　　阿育王統治時期是帝王國的極盛時代，建立了高度的中央集權。全國推行了統一的貨幣、度量衡，有了通往全國的重要交通道路。儘管還沒有統一語言文字，但在全國大部分地區接受了婆羅門種姓制度，佛教成為孔雀帝國的國教。但是，由於這個帝國是靠武力統一起來的，缺乏穩定的基礎，在阿育王死後不久帝國即告分裂。約西元前 187 年，孔雀帝國的末代帝王大車王被一個將領所殺，孔雀帝國統治時期宣告結束。

✦《政事論》

《政事論》是孔雀王朝時期的一部重要治國法典，也是古印度歷史上一部非常重要的著作，同時還是世界上最早的較為系統的政治經濟著作之一。《政事論》成於西元前4世紀末到西元前3世紀初，印度歷史學家認為，作者是孔雀帝國開國重臣、軍師考底利耶，後人又有所竄改和增補。它共為15卷，主要有政治、經濟、法律、軍事、外交等方面的內容，系統總結了孔雀帝國初期治理國家的經驗和策略，為古代印度的統治者所重視，被譽為「治國經典」。

《政事論》分為兩部分。前一部分的內容包括內閣的構成；國家主要的內政外交政策；政府各部門包括農業、稅收、行政等等的職能；處理各種糾紛和衝突的規定，其中有類似現代民法和刑法的不同內容。後一部分主要談外交策略和軍事戰略戰術。

對於如何挑選官員，《政事論》也有獨到的論述。書中講到了國王如何挑選高階大臣的八條原則：第一，從大臣的親屬那裡了解他的籍貫、出身和自制能力；第二，透過學者去了解其才學；第三，在工作實踐中了解他的智慧、韌性和能力；第四，透過交談了解其口才、膽識和才華；

第五，透過他對災難的應對能力來考察其精力、魄力、忍耐性；第六，從交際往來中看其是不是正直、友善且堅貞；第七，從他的同伴那裡了解其舉止行動，看其是不是身體健康，強壯有力；第八，根據觀察了解其是否善於結交，不到處樹敵。這些經驗至今仍有其參考價值。

《政事論》是世界上最早系統論述間諜理論和方法的著作。作者認為，間諜實施的每個行動都是為了國家的安全和利益，國王的特務在必要時可以理所當然地、無所顧忌地不擇手段以達到目的。因此，孔雀王朝的密探政治成為國王治國的法寶之一，密探 —— 包括女間諜 —— 裝扮成僧人、農民、商販、妓女、藝人等形形色色身分的人，潛伏於各級官吏身邊和各地，並用寫密碼、打暗語等方法及時呈報。這本書還有有關使用間諜方法的記載，這可能是相關內容最早的記載。

《政事論》論述了戰略戰術問題，其中有些主張與中國戰國以後出現的兵書有很多相似的地方，比如遠交近攻的思想、瓦解敵人內部的手段以及行軍作戰中的各種戰術問題等。

該書還實際地反映了孔雀王朝商品貿易以及貨幣經濟的執行狀況。這些紀錄使人認為這不是一本政論著作，而

像一份生產報表。孔雀王國運轉依賴國家稅收，稅收機關是當時最主要的國家機器，《政事論》提到的稅種涵蓋社會各個層面。政府對行會控制十分嚴格，定期檢查以防作弊和違規。為有效保證稅源，建立了嚴格的戶籍登記制。帝國官員、王室成員直到僕役，薪水的數額在《政事論》中都有規定。由此可見，《政事論》不僅是孔雀王朝國家管理的重要法典，而且是一本治國百科全書。

王朝更替

✦ 後孔雀王朝的更替

阿育王死後，孔雀帝國陷入了分崩離析的境地。他的一個兒子在西北地區割地自據，一些原先被征服的國家和部族紛紛獨立。大約在西元前 187 年，孔雀帝國大臣普沙密多羅·巽伽篡奪王位，推翻了孔雀王朝。孔雀帝國衰亡後，印度次大陸進入一個王朝更迭和小國割據的分裂時期。

普沙密多羅·巽伽（約西元前 187 年至前 151 年在位）推翻孔雀王朝後，建立巽伽王朝（西元前 185 年至前 75 年

在位）。普沙密多羅出生於烏賈因地區的一個婆羅門家族。他擔任孔雀帝國大臣時，曾率軍擊退入侵的大夏國希臘人，立下赫赫戰功，享有較高的聲望。他奪取王位後，曾一度企圖恢復孔雀帝國往昔的勢力範圍，他先後出兵德干高原南部，征戰羯陵迦，抗擊大夏國希臘人的入侵。在普沙密多羅的努力爭戰下，王朝的版圖南至達納馬達河，旁遮普地區的賈蘭達爾和錫亞爾科特也可能被巽伽王朝所控制。但巽伽王朝的強盛只是曇花一現，時間不是很長。普沙密多羅死後，這個王朝也隨之逐漸衰落了。

巽伽王朝的終結戲劇性地和孔雀王朝一樣，約西元前75年，巽伽王朝大臣蘇迪・甘華篡奪王位，建立甘華王朝（約西元前75～前30年）。據說，他利用一個女奴假扮成王后，殺死巽伽王朝末王而奪取了王位。甘華王朝領土僅限於摩揭陀地區，是一個很小的王朝。這個王朝後來被安度羅王國武力征服。

安度羅王國興起於德干高原東部哥達瓦里河和克里希納河下游地區，東臨孟加拉灣，西瀕阿拉伯海。這個王國是薩達瓦哈拉部族建立的，這個部族大概起源於雅利安人與土著居民的混種。孔雀帝國時期，這個部族是很有名的，阿育王的銘文多次提到。孔雀帝國衰落時，薩達瓦哈

拉部族割地自據，並建立了自己的國家。約西元前 1 世紀薩達加尼王在位時，安度羅王國已相當強盛。他出兵攻滅甘華王朝，入侵羯陵伽和南方其他一些地區，號稱「南方各地之主」。

薩達加尼死後，安度羅國力逐漸衰敗，又遭到外族塞人的進攻，被迫退居德干高原的東南部。直至西元 2 世紀上半葉，喬達米普特拉王及其子瓦西什提普特拉統治時，安度羅才重新崛起。喬達米普特拉的銘文提到，他「趕走了塞人、耶般那人和帕拉華人」。在安度羅最鼎盛時期，它的統治範圍包括德干高原大部、西海岸地區、南方的克里西拉河三角州一帶，又形成為南印度的一大強國。約西元 3 世紀，安度羅發生分裂，逐漸走向衰亡。

在南部印度，羯陵伽也是一個重要的國家。孔雀王朝後期，羯陵伽重新獨立。卡羅維拉王（約西元前 1 世紀）統治時，國力較為強盛。他多次對外征戰，擊敗了大夏希臘人，入侵恆河流域，占領王舍城，橫掃大陸南端的潘地亞國，擴大了羯陵伽的勢力範圍。

南印度的南端還有一些獨立的國家，比較重要的有朱達、潘地亞、哲羅等。這幾個國家是古代泰米爾人建立的。泰米爾人是印度次大陸土著居民的一支達羅毗荼人的

後裔。雅利安人入侵後,一部分達羅毗荼人被征服,一部分遷居偏遠山區和南印度的一些地方。這幾個國家雖然規模不大,但經濟比較發達,尤其是海外貿易繁榮,與兩河流域、西方等地區的貿易往來頻繁。與此同時,各小國之間為了擴大各國的勢力範圍,也經常發生戰爭,對於古印度文明來說,這是一段集發展融洽、衝突於一身的歷史。

✦ 貴霜王朝

西元 1 世紀,中亞的貴霜王朝興起,在它的征戰下,印度西北部成為貴霜的管轄範圍,而貴霜也因此成了一個橫貫中亞和南亞的大帝國。在它的極盛時期,疆土西起伊朗東部,東至恆河中游和貝拿勒斯,北至阿姆河、錫爾河和今天中國新疆的和田,南部到達納馬達河,占有中亞和北印度大部分地區,成為當時與羅馬、安息、東漢並駕齊驅的四大帝國之一,它的繁榮象徵著古印度史上第三次文明高潮的到來。

貴霜國王迦膩色迦雕像(印度,2 世紀)。孔雀王朝解體後,印度西北部先後被希臘人和中亞的遊牧民族所統治。而在中亞興起的匈奴人,迫使大月氏人西遷,一支大月氏人占領巴立特里亞。他們當中強大的部落貴霜統一了五部落,開始征服周圍地區,頗有形成一個中亞大國之

勢。西元 50 年,部落首領丘鳩闕率眾越過興都庫什山脈,又成功占領阿富汗大部和印度犍陀羅地區,建立貴霜帝國(約西元 78 至 241 年)。此後閻膏珍王繼續著擴大領土的事業,他先滅了旁遮普的沙卡,進而向恆河流域進發,攻占拘彌、瓦拉納西,這時,貴霜政治中心移到南亞,閻膏珍遷都至普魯沙普羅。到迦膩色迦統治時,帝國疆域更加廣闊。

貴霜人占領印度河 —— 恆河流域後,為古印度文明所同化,並且繼承和發展了古印度文明。在統一的政治形勢下,印度的社會經濟得到了有利的發展機會,其中主要是工商業的發展與海外貿易的繁榮。經濟發展使財大氣粗的貴霜帝國興建了許多新興的城市,如布羅奇、蘇爾帕拉卡、阿里卡梅杜等。

貴霜王國在迦膩色迦時代,迦膩色迦王篤信佛教,所以佛教得到了很大的發展。伽尼色迦提倡佛教並廣造佛寺和佛塔,雖然花費鉅額錢財,這些都是當時廣大印度勞動人民的血汗,但從人類文明這個角度來看,它給後人留下一筆寶貴遺產。由於當時佛教在印度盛行,使佛教具有極強的影響力,這個時期佛教開始傳入中國,然後由中國傳入朝鮮,由朝鮮再傳入日本,使佛教成為典型的東方宗教。

迦膩色迦死後不久，貴霜帝國不可避免地走向了衰弱，逐漸分裂為一些小的王國。西元 3 世紀時，薩珊波斯興起於伊朗高原，向中亞和西北印度擴張。至西元 4 世紀，笈多王朝在北印度興起，滅亡了西北印度的貴霜人的小王國。中亞地區的貴霜小王國，在西元 5 世紀時被噠人所滅。總而言之，貴霜帝國的統治，對印度的發展產生了重要的影響。

✦ 笈多帝國

西元 4 世紀初，以恆河中游一帶為中心，又有一個新的帝國出現，這就是笈多帝國。笈多帝國的建立結束了當時印度大部分地區的割據混亂的局面，使這些地區重歸統一的政治統治下。這個王朝曾有過三位才智超群的君主，使印度的古典文化進入了一個全面繁榮的階段。

笈多王朝的建立者是旃多羅·笈多一世。他於西元 319 年繼承了王位，並開始了他勢力擴張的征程，他在位期間，疆域包括比哈爾大部分和孟加拉部分，大致相當於孔雀帝國瓦解後的摩揭陀國領土。這片地區成了笈多帝國的核心區域。旃多羅·笈多自稱王中之王。

西元 335 年，笈多一世指定兒子沙摩多羅·笈多為繼承人，而後隱居死去。沙摩多羅·笈多即位後，把對外征

服推進到一個新階段。沙摩多羅・笈多在位期間帝國疆域得到很大的擴張。王朝的經濟文化等各方面也有很大發展，歷史上有「健日王」的美稱。

沙摩多羅・笈多的兒子旃多羅・笈多二世（西元 375 至 415 年在位）統治時期，笈多帝國進一步向南擴張。此時的笈多帝國政局穩定，貿易繁榮，文化發展。旃多羅・笈多二世又為自己加了個「超日王」的雅號。

旃多羅・笈多二世去世後，其子鳩摩羅・笈多繼位，帝國繼續保持和平繁榮局面。到斯坎達・笈多統治時（455 至 467 年），占領了巴克特利亞的白匈奴人從西北部入侵印度河流域。

笈多王朝時期，古印度的宗教哲學、文學藝術達到鼎盛，被譽為古印度文明的「黃金時代」。其中尤以佛教藝術著稱，那時名作迭出，流派紛呈。這個時期的建築、雕刻、繪畫都達到了爐火純青的地步，是古印度古典藝術的頂峰。

西元 5 世紀以後，中亞民族匈奴人入侵，笈多王朝的各屬國紛紛獨立。笈多王朝的衰落，象徵著古印度史的結束。

✦ 戒日帝國

笈多帝國瓦解後，一度統一的北印度再次陷於分裂狀態。諸侯割據，群雄爭霸，在實現統一的目標上最後取得成功的是旦尼沙的統治家族。

西元 612 年，旦尼沙的曷利沙伐彈在一系列的政治鬥爭中取得勝利，建立了戒日帝國，定都卡瑙，歷史上稱他為戒日王，在曷利沙伐彈統治下的戒日帝國的勢力範圍主要是恆河中上游地區。

戒日王對孟加拉的討伐持續了很長一段時間，但久攻不下，直到西元 643 年在迦摩縷波國國王幫助下，兩面夾擊，終於完全征服了這個國家。戒日王占領了西孟加拉，把東孟加拉劃給迦摩縷波。正所謂螳螂捕蟬黃雀在後，後者不久也成了戒日王的藩屬。戒日王還向西征服卡提阿瓦半島上的伐拉毗，用聯姻手段使之臣服於己，獲得了西海岸諸港口，從此坐收海上貿易的利益。這樣，除克什米爾、西旁遮普、拉其普他那、古吉拉特和東印邊遠地區外，北印度幾乎都處在他的統治下。

戒日王終於在北印度大部分地區建立了一個以卡瑙季為中心的大帝國。這不僅意味著北印度大部分地區又實現了統一，而且意味著北印度的政治、經濟中心已由恆河下

游轉移到恆河中游。

戒日王是個非常有魄力的君主，在他的統治下，帝國基本保持政治穩定經濟發展，其在佛教發展和傳播上也做出了重要的貢獻。

戒日王非常重視保護、促進文學藝術，崇尚知識尊重學者。由於他的支援和保護，那爛陀寺成了著名的教育和學術中心。他自己在文學上也有很高造詣，據說他寫了三個劇本，兩個是古典體裁的喜劇，一個是宗教題材的戲劇。

戒日王苦心經營建立起來的大帝國也難保不重蹈前面各大帝國的覆轍，他去世後，帝國立即陷於混亂狀態。他女兒的兒子達羅犀那、他的大臣阿羅那順等對王位都是群起而爭之。阿羅那順奪取了恆河流域的許多地方後，統一的戒日帝國宣告覆亡。

古印度文明的陷落

伊斯蘭文明入侵印度

　　隨著伊斯蘭教興起，西元 7 世紀末至 8 世紀上半期，阿拉伯人在西亞、北非建立起一個大帝國。阿拉伯人的擴張範圍也波及印度。倭馬亞王朝東部省省督哈加吉於西元 711 年派穆罕默德‧賓‧卡西姆率大軍征伐信德。西元 713 年阿拉伯軍隊進攻木爾坦。信德和木爾坦相繼被阿拉伯人占領。

　　隨著阿拉伯人的到來，他們所信仰的伊斯蘭教也相應地傳入印度，使一部分人改信伊斯蘭教。但由於他們的統治範圍有限，對整個印度的影響也是有限的。

　　真正對印度全域性發生重大影響的，是西元 11 至 12 世紀突厥人的入侵。他們也是伊斯蘭教徒，他們的入侵最終導致 13 世紀初穆斯林王朝 —— 德里蘇丹國在印度的建立和此後 4 個多世紀的統治。

✦ 伽茲尼王國及古爾王朝的入侵

　　西元 962 年，中亞薩曼王朝呼羅珊總督、一個突厥人冒險家阿普提真因參與王位鬥爭失敗，於是在阿富汗的伽茲尼自立為王，創立了伽茲尼王國，並信奉伊斯蘭教，到

了沙巴提真為王時，開始積極向外擴張。西元997年其子馬茂德繼任國王後，從西元1000年起大舉向印度進攻。由於他在中亞的帝國已十分龐大，所以他這次侵略印度的主要目的不在於擴大領土，而是掠奪財富。西元1000至1027年中，他征伐印度不少於12次。馬茂德所到之處，金銀珠寶被搶劫一空，不能搶走的常常被付之一炬。馬茂德殘忍粗暴的行徑使印度許多繁榮的城市被夷為平地，寺院廟宇頓成廢墟。

西元1030年馬茂德死去，伽茲尼國勢走向衰落。這時，原為伽茲尼藩屬的古爾王公崛起，古爾王公家族也是突厥人，信奉伊斯蘭教。西元1173至1174年古爾王公家族征服了伽茲尼，建立了古爾王朝，定都古爾。這時國王是吉雅斯·烏德·丁·穆罕默德。他任命弟弟穆伊茲·烏德·丁·穆罕默德（也稱他為穆罕默德·古爾）為伽茲尼省督。西元1175年穆罕默德·古爾開始遠征印度，恢復了中止了100多年突厥穆斯林入侵印度的步伐。

和馬茂德不同，古爾的入侵以征服領土為目的。西元1182年穆罕默德·古爾占領了信德。這樣，穆罕默德·古爾的前鋒就抵達印度斯坦。此時印度斯坦存在著一批主要由拉其普特人統治的國家。

西元 1192 年穆罕默德·古爾率 12 萬大軍前來征伐，戰勝拉其普特人的喬治國，攻進了德里，為征服北印度敞開了大門。古爾乘勝加大了進攻力度，於西元 1194 年率 5 萬大軍進攻、占領北印度的聖城貝拿勒斯。在戰爭行進的同時，大量印度教、佛教廟宇被拆毀，穆斯林們在其上建立了清真寺。掠奪的財寶被運回伽茲尼，僅駱駝就足足用了 14000 匹。此時，北印度已沒有任何國家可以和強大的穆罕默德·古爾抗衡了。

而征服比哈爾、孟加拉，是由一個冒險家伊克提亞爾·烏德·丁·穆罕默德·賓·巴爾提亞爾完成的。伊克提亞爾是穆罕默德·古爾的部將，埃貝克駐奧德的一個軍官。西元 1197 年伊克提亞爾襲擊了比哈爾要塞奧達塔普爾，劫掠了大量財寶。著名的佛教寺院飛行寺遭到洗劫，寺院裡數千名佛教僧侶被殺，寺院被破壞，這個意外成功使他野心猛烈膨脹。西元 1202 至 1203 年，他連續攻占那爛陀寺、超巖寺，劫掠並毀壞了這兩座印度最著名的佛教寺院，許多僧侶逃亡他地。佛教在一瞬間遭到前所未有的毀滅性的打擊，東印度成了印度佛教最後殘留的陣地，至此，佛教在印度幾近消亡。

西元 1202 年，古爾國王吉雅斯病逝，穆罕默德·古爾

繼承王位。西元 1205 年西旁遮普科卡爾人起來反對占領者，並試圖進占拉合爾。穆罕默德‧古爾急率大軍前來鎮壓。西元 1206 年 3 月，在穩定局面後回國途中，吉爾被仇敵暗殺，死於印度河岸的達姆雅克。

　　穆罕默德‧古爾對北印度的征服為隨後德里蘇丹國的建立提供了良好的條件。

✦ 德里蘇丹國統治

　　西元 1206 年，突厥人在印度建立了統治國家，從伊勒圖特米什蘇丹統治時起，首都遷至德里，德里蘇丹國即由此得名。德里蘇丹國共統治 320 年（西元 1206 至 1526 年），前後經歷了五個王朝階段。

　　第一個王朝史稱「奴隸王朝」，從西元 1206 年到 1290 年，統治時間長達 84 年。「奴隸王朝」名字的由來，充滿著戲劇色彩。之所以叫「奴隸王朝」，是因為它的第一任蘇丹庫特卜‧烏德‧丁和另外兩位蘇丹伊勒圖特米什和巴勒班曾是奴隸。

　　德里蘇丹國繼奴隸王朝後，先後經歷了哈爾吉王朝、圖格魯克王朝、薩依德王朝及洛迪王朝，德里蘇丹政權也由盛而衰。最後，王朝在內憂外患的形勢下，於西元 1526 年被巴布爾一舉推翻，結束了近 320 年德里蘇丹對印度的統治。

✦ 蒙兀兒帝國

巴布爾（西元 1482 至 1530 年生卒，1526 至 1530 年在位），因其光彩奪目的武功而獲「老虎」綽號，是印度蒙兀兒帝國的開國君主。

西元 1526 年 4 月帕尼帕特一役，巴布爾憑藉豐富的戰鬥經驗和精良的軍騎，以少勝多，戰勝兵力 4 倍於己的洛迪王朝末王易卜拉欣，結束了 320 年德里蘇丹國在印度的統治。巴布爾順利地攻進了德里蘇丹國的都城德里。巴布爾是帖木兒的五世孫，帖木兒出身於突厥化的蒙古貴族家庭；由於巴布爾又可以將他的血統從母系上溯到成吉思汗，所以，由他在印度開創的帝國便被稱為「蒙兀兒」，在阿拉伯語或波斯語中譯為「蒙古」帝國。

巴布爾死後，他的兒子胡馬雍繼承了王位，胡馬雍顯然沒有他父親巴布爾的軍事天才和強硬的政治鐵腕，他所具有的是豐富的文化素養，是一位不折不扣的仁慈寬厚的「文」皇帝。正是他的性格和個人偏好致使他失去了巴布爾所奠定的蒙兀兒帝國的大片疆土。但巴布爾的孫子阿克巴卻又隔代繼承了他祖父好戰的傳統，在他統治期間不僅恢復了他的父親胡馬雍的失地，而且大大開拓了新的版圖，使他成為實現統一印度南北的中世紀最傑出的君主。

　　阿克巴用武力和懷柔的手段，於 15 年的時間裡統一了北印度。他又用 16 年時間把版圖擴大到遙遠的西北地方。最後，他又用了 3 年的時間，平定了南方的幾個王國，從而建立了一個強大的蒙兀兒王朝。

　　為了鞏固自己的政權，阿克巴對自己國家的內務進行改革整頓。他命令官員重新丈量土地，將帝國分為 182 個稅區，嚴格分別等級徵稅；他還廢除將戰俘賣為奴隸的習俗；下令取消人頭稅、香客稅（對朝聖的印度教徒徵收的稅）、田賦附加稅，遇到天災人禍，則一律免交田賦；全國統一了度量衡，促進了工商業的發展。正是阿克巴這一系列「懷柔」政策，有力地緩解了因爭戰而帶來的各種矛盾，為這時期印度的繁榮穩定做出了巨大貢獻。

　　在解決各教派衝突方面，阿克巴本著相互尊重、平等互讓的原則做了大膽的嘗試。阿克巴信仰伊斯蘭教，而印度長期流行的是印度教，因此印度教和伊斯蘭教之間經常發生矛盾衝突在所難免，這極大地影響了國家的安定團結。為了協調印度教和伊斯蘭教教徒們的關係，阿克巴採取了一系列措施。他宣布各教派平等，選用印度教人士做高階官員，自己還娶了信奉印度教的貴族的女兒當妻子。阿克巴自己還在宮廷中採納印度教慣例，每天清晨登陽臺

接見臣民，參加印度教節慶，朝廷覲見時佩戴印度教標誌等。印度教把牛當做聖牛，不許宰殺，阿克巴為此禁止宰牛、殺生，還在宮中點上了長明燈。

阿克巴不僅在解決各教派矛盾的問題上做出了貢獻，而且還在印度宗教發展的歷史上貢獻了智慧。阿克巴出於自己「寬容大度的個性」和自己「對宗教思想的追求」，創立了一個沒有上帝、沒有先知、沒有教務的「聖教」。這種宗教的特點是提倡廉儉，其教義是要求信徒「棄絕世俗欲望而求得救」。要求入教的人，可以直接見到阿克巴，將頭巾放在阿克巴的手中，將頭放在阿克巴的腳上，阿克巴將人扶起，向他祝福，為他戴上頭巾，送他一幅自己的肖像，這人就算入教了。

這個宗教要求信徒忠於國君阿克巴。教徒們把阿克巴當作上帝，相見時呼叫「安拉 —— 阿克巴」（意為「阿克巴即真主」）。信徒還效忠皇帝獻出自己的財產、生命、榮譽等。阿克巴的「聖教」既無廟宇，又不祈禱，只要求教徒平時愛護動物，盡可能施捨、賑濟或做好事。「聖教」也不強迫別人信教。阿克巴的宗教措施，緩和了當時的宗教矛盾，使不同教派和平相處，蒙兀兒帝國的統治也因此得到了鞏固。

阿克巴做為國王，一方面他尊重印度教，另一方面他也加以禁止印度教的陳規陋習，反對寡婦自焚殉身、殺嬰、童婚、近親結婚以及不許寡婦再嫁等，這些人性化的規定，不僅說明一個社會文明的進步，也是對傳統文明的挑戰。

阿克巴當政時期，既善於理財和用人，又尊重各民族不同的宗教信仰，這樣，印度國內的衝突緩和，人民過著安居樂業的生活。

西元 1605 年 10 月，阿克巴去世。他的後代繼續統治印度的五十多年（1605 ～ 1657 年），這是蒙兀兒帝國興盛、封建經濟發展的時期。後期蒙兀兒王朝是一段戰亂頻繁，民不聊生，帝國主義入侵加劇並最後確立對印度殖民統治的歷史。

印度古文明的暴力終結

✦ 葡萄牙人占領下的印度地區

葡萄牙人在開闢東方航線上扮演了重要角色。西元 1488 年，航海家巴爾托洛梅烏・迪亞士到達非洲南端的好望角。西元 1498 年 5 月，瓦斯科・達伽馬率領遠航隊繞過

好望角，到達印度西岸的卡里庫特。他從這裡運回大批絲綢、香料、象牙和寶石等，獲得的淨利潤達航行費用的 60 倍。巨大的利潤的魅力深深誘惑著貪婪的達伽馬。

西元 1502 年，達伽馬再次來印。野心勃勃的他企圖排擠阿拉伯人，獨攬和印度的貿易，遭到當地印度教派的反對。但他還是成功地在卡里庫特、科欽和坎納諾爾建立了葡萄牙人的商業據點。西元 1505 年，葡萄牙人任命阿爾梅迪亞為第一任駐印總督。為了充分利用葡萄牙強大的海上力量，阿爾梅迪亞把工廠和商業中心建在沿海地區，以獲取最大利益。西元 1509 年，阿布奎基接替阿爾梅迪亞。次年他從比賈昔爾的蘇丹手裡奪取了果阿，以後又在印度洋建立了一系列海軍基地。為了在印度長久立足，阿布奎基採用了最直接有效的辦法，他鼓勵葡萄牙人與當地人通婚，從而達到「殖民」的效果。在占領了麻六甲（西元 1511 年）和霍爾木茲島（西元 1515 年）以後，他終於排擠掉阿拉伯人的勢力，如願壟斷了東方海上貿易。他的後繼人又沿印度西岸和孟加拉建立了若干新的定居點，如迪烏、達曼、撒爾塞特、巴塞因、喬爾、孟買、胡格利等，到西元 16 世紀中葉葡萄牙便控制了錫蘭島。

葡萄牙人不僅在經濟政治上統領著印度，而且還企圖

在意識形態上奴役印度人民，在他們的占領區內實行瘋狂的宗教歧視政策，用種種手段強迫當地人改信基督教。不僅如此，他們的行徑也到了令人髮指的地步，他們到處拆毀印度教寺廟，甚至把受到南亞和東南亞佛教徒普遍崇拜的佛牙搗碎，扔到海裡。西元 1550 年，宗教裁判所成立，最初只針對穆斯林，後來又加上了印度教徒。他們把汙物塞進阿拉伯商人的嘴裡，再用豬肉堵上，或者把婆羅門的耳朵割去，縫上狗耳，以此侮辱折磨不肯放棄原有信仰的人。對於反抗者，他們用盡殘酷手段，或把他的肢體砍去，或者殺死。派駐印度的葡萄牙官員由於薪餉不足，大多怠忽職守，而把精力集中於個人經商，根本無心管理，也不管印度人民的死活。印度人民的反抗，葡萄牙殖民者本身的腐敗，加上蒙兀兒軍隊的南下，以及荷蘭、法國和英國人的相繼到來，在各種因素的影響下，葡萄牙人在印度和東方百餘年的優勢逐漸喪失。西元 17 世紀初葉，葡萄牙在印度的殖民地紛紛被荷蘭人掠去，到 40 年代，剩下的只有果亞、達曼和迪烏了。

✦ 荷蘭在印度的活動

　　在很長一段時間裡，荷蘭人一直從里斯本購買東方貨物。西元 17 世紀初，尼德蘭革命成功，在歐洲建立了第一

個資產階級共和國。此後，荷蘭的工商業和航運業飛速發展，荷蘭船隻遍行世界各地，享有「海上馬車伕」的美譽。不久，憑藉強大的經濟和戰備實力，它在東方的海軍力量超過了葡萄牙。西元 1602 年，旨在壟斷東方貿易的荷蘭東印度公司成立，並被授權宣戰、簽約、占有領土和修築要塞等權力。最初，公司把注意力放在東南亞，占領了盛產丁香、豆蔻、胡椒等香料的摩鹿加群島，不久又從葡萄牙人手裡奪得了錫蘭和麻六甲。

荷蘭人並不滿足於他們現有的勢力範圍，自西元 17 世紀中葉開始，荷蘭人的目光從東南亞轉向印度。他們侵入馬拉巴爾海岸，打敗並驅逐葡萄牙人，在那伽巴丹建立起自己的大本營。但是荷蘭人在印度和英國人發生了強烈衝突。在關鍵的胡格利戰役中，荷蘭艦隊大敗。他們在西元 1781 年被徹底趕出了次大陸，連那伽巴丹也拱手讓給了英國人。

✦ 英國對印度的統治及印度人民的反殖民鬥爭

英國用強有力的暴力方式征服印度後，對印度封建土邦實行了兼併政策。兼併土邦除了使用武力外，還提出所謂「權力喪失論」，即不承認沒有男嗣的王公的立嗣權，王公死後其政治經濟特權被剝奪，其領地被兼併。同時，

英國殖民者還以清查免稅土地持有者的合法資格為由，剝奪了新併土邦內的封建領主領地和各種免稅土地。這就引起印度封建勢力上下層的普遍不安，激起他們的不滿，其中有些人，特別是那些被兼併的土邦王公和失去土地的地主，參加並領導了後來的民族起義。

英國殖民者在征服和統治印度的過程中，徵募了一支印度僱傭軍，即所謂計程車兵「西帕依」。英國殖民者利用 24 萬印度士兵統治著兩億印度人民，同時利用 4 萬英籍軍官控制著這些印籍士兵。印籍士兵大多來自傾家蕩產的農民和手工業者，他們為生計所迫，不得不到軍隊中賣命。在英印軍隊中，存在著嚴重的種族歧視和民族壓迫。英國人在軍隊裡以上位者的身分對待印籍士兵，高階軍官都由他們擔當，印度人最高只能升到上尉。英國軍官任意苛扣他們的軍餉，不尊重他們的民族風俗，下令印度士兵剃掉鬍鬚，除掉種姓印記，嚴重傷害了印籍士兵的自尊心。

在英國殖民者全面占領印度後，印籍士兵和英國殖民者的衝突加劇了，他們原先享有的一些特權，如減免家中的捐稅，戰時多得一半薪水等，都被取消了。殖民統治當局違反僱傭條例，把印籍士兵派到印度境外渡海作戰，讓他們增加了負傷和陣亡的機會，引起印籍士兵的極大反感

和強烈不滿。此外，印籍士兵的宗教感情也受到嚴重傷害。殖民當局發給印籍士兵的子彈是用塗著豬油、牛脂的厚紙包裝的，在使用子彈時，必須用牙咬破子彈的厚紙皮。由於伊斯蘭教禁食豬肉，而印度教則禁食牛肉，新子彈的使用在伊斯蘭教和印度教徒中引起了強烈的反響和憤慨。因此，這些不滿英國人欺凌和歧視，有組織、有武裝的印度士兵，便成為民族大起義的先鋒和發難者。

西元 1857 年 5 月 11 日，德里終於爆發了民族大起義。起義者殺死都城內大部分殖民官吏，燒毀東印度公司辦事機關。倖免一死的英國人都逃出了德里，許多英國人把自己的臉孔塗黑，穿上印度服裝。不少人死於天氣炎熱和途中的艱苦，許多被附近村民所殺。起義者控制了德里市區，在紅堡上升起了蒙兀兒王朝的綠旗，將「權力超不出宮牆範圍」、「像家兔一樣聽其自然地繁殖著」的 82 歲的蒙兀兒王朝的末代皇帝推上了王位，宣布恢復蒙兀兒帝國，號召全體印度教徒和伊斯蘭教徒團結在皇帝的旗幟下，進行反英聖戰，同時設立軍政管理委員會，釋出各項法令。

席捲印度中北部的民族大起義，動搖了英國的殖民統治。殖民當局不甘失敗，開始調兵遣將，鎮壓起義。

英軍圍攻的矛頭首先對準起義軍首都德里。英軍是從

德里西北部的旁遮普進攻德里的。英印總督坎寧命令當時在西姆拉的英軍總司令恩遜，從旁遮普調集軍隊前去重新徵服德里。

9月14日，英軍在作好充分準備之後，分兵五路，向德里發動總攻。

在猛烈的炮火轟擊下，有兩路英軍從城牆缺口衝進城內，雙方展開激烈的巷戰，經過6天6夜的反覆爭奪，英軍死亡5000多人，4名司令官中有2名被擊斃，2人負傷。19日深夜，起義軍在造成攻城英軍重大傷亡後，於巴克特汗率領下，撤出德里。德里陷落後，英軍縱兵3天，燒殺搶掠，屍體枕藉，血流成河，慘不忍睹。

經過這場浩劫，德里變成了一座死城。

皇帝沒有接受起義軍的隨軍突圍勸告，被英軍俘獲，三位王子王孫當即被砍下腦袋。英軍上尉翰德遜殺死王孫後，立刻捧了一掬熱騰騰的鮮血喝了下去，喝完後喪心病狂的說：

「如果我不喝他們的血，那我就會發瘋。」

隨後，他將王孫的頭顱送給皇帝，說：「這是公司送給你的賀禮，久違了。」

皇帝看見自己年輕的兒子和孫子的頭顱，令人驚異地克制住自己，把頭轉過去說道：「感謝真主！帖木兒的子孫沒有玷辱自己的先祖！」

許多王孫被關押在獄中服苦役，一旦不能完工，便遭鞭撻，不到幾天便被打死。皇帝的一位兒子，有一天，蓬頭垢面，騎著馬出現在德里附近的森林裡，翰德遜到處追捕他，這位王子從此不知去向，杳無音信。許多王孫、公主離開德里，成為到處流浪的乞兒。一位公主為了活命，下嫁一個伊斯蘭教的廚工，另一位公主在基督教女校當了女傭。

皇帝、皇后和太子被押往緬甸囚禁，後來死於仰光獄中。

蒙兀兒帝國至此在英殖民統治的鐵蹄下宣告滅亡，淵遠流長的古印度文明也至此劃上了休止符。

印度的種姓制度及宗教

錯綜複雜的印度人種

　　有人形容印度是一個「人種學的博物館」，想知道遠古時代時誰是哪裡的原始居民，現在已很難弄清楚。一般認為，創造印度河早期城市文明的是達羅毗荼人。有學者認為，達羅毗荼人可能最初也是次大陸以外的移民，他們是以優勢力量把原住民擠走，占據了河流平原的大部分土地。後來，雅利安人的到來，被征服的故事重演在達羅毗荼人身上。

　　西元前 3000 至前 2000 年，據說原來生活在中亞的雅利安人遇到了嚴重的自然災害，難以在原處放牧為生，為了生存，各奔前程，流徙四方。傳說他們就是現代歐洲人的祖先。其中的一支透過現在阿富汗的喜馬拉雅山的一些山口，進入了印度河流域。他們漸漸征服了達羅毗荼人，確立了雅利安人在印度河流域的統治地位。據考證，雅利安人皮膚白皙，金髮隆鼻，體格魁梧，對被他們征服的膚色黝黑的達羅毗荼人很看不起。開始雅利安人絕不和達羅毗荼人通婚，經書上規定凡是兩者通婚所生的孩子，被視為賤民，也就是不可接觸的人。不過隨著時間的推移，還是不可避免地發生了血統混雜的現象。

✦ 講達羅毗荼語的巴利亞人

西元前 326 年，馬其頓亞歷山大大帝侵入印度西北角，退兵時留下了一些希臘人，在那裡定居了下來。後來從喜馬拉雅山那邊又來了不計其數的外來人，其中有蒙古人和土耳其人。當地人對他們沒有細分，籠而統之地稱呼他們為「塞種人」。往後，大月氏族的一支貴霜人進來了。到西元五、六世紀起，穆斯林接踵而來，他們屬於阿拉伯人、土耳其人、波斯人、阿富汗人和蒙古人，有時還有非洲人，特別是衣索比亞人。當然，近代的歐洲人也在那裡留下了少量的印歐混血人。

現代，印度人在體格、相貌上的差異比較明顯。有的魁偉白皙，有的矮小黑瘦，有的滿腮長鬍，有的鬚眉淡淡，有的目深鼻隆，有的細眼塌鼻。一般來說，北方人顯得白淨，西部人顯得彪悍，南方人黝黑，東方人與東南亞人相近。目前按語言劃分的種族比例大致如下：印度斯坦族占 46.3％，泰魯固族 8.6％，孟加拉族 7.7％，馬拉地族 7.6％，泰米爾族 7.4％，古吉拉特族 4.6％，卡拿達族 3.9％，馬拉雅拉姆族 3.9％，奧裡雅族 3.8％，旁遮普 2.3％。

印度東北部的部落人民及其房屋就人種的文明程度來

講，說來有趣，往往一些血統最純的民族現在反而顯得最落後。例如，比爾人被認為是印度最早的本地人，他們不但比雅利安人早，甚至可能比達羅毗荼人還早。後來外來人反客為主，比爾人被迫退到了印度中部和東部的山嶺裡。今天他們還生活在文底耶山脈和薩特普拉山脈裡。

印度這塊土地，不但容納了世界上的許許多多民族，各式各樣的人種，同時也向世界輸送了自己哺育的兒女。大家熟悉的吉卜賽人，有人認為最早是從印度西部流散出去的。印度現在還有約 15 萬諾馬茲人，他們駕著大篷車，有的從事放牧，有的做小買賣，有的當鐵匠，有的演雜技、歌舞、木偶戲和馴蛇，過著自由自在的流浪生活。現在歐洲不少吉卜賽人還經常回到印度西部地區尋根。

正是這些眾多的民族構成了現在印度這個人口大國的整體。

種姓制度

種姓制度是古印度社會一個十分獨特而影響深遠的社會制度，從政治經濟到社會生活的方方面面它無處不在，

從吠陀時代一直延續至今，和印度文明史緊緊地連繫在一起，比王朝的統治還要堅固。

✦ 種姓制度的產生

種姓制度是怎麼產生的呢？一般認為，在雅利安人進入印度河流域前，他們內部就有三種人：一種稱為婆羅門，他們是掌管祭祀的祭司以及有學問的師父；另一種是從事征戰的武士，稱為剎帝利；還有一種是吠舍，從事農牧和手工業。這三種人本來是平等的，而且可以互相變換，婆羅門可以當武士，也可以種地；三者之間可以通婚。最初，這種以分工不同為特徵的社會集團，還不能稱為種姓制度，最多是它的萌芽狀態。

待到雅利安人南下征服了許多當地居民，把他們歸為奴隸等級，被征服者構成了第四部分人，被蔑稱為「首陀羅」，處於社會的最底層。隨著社會的變遷，奴隸的地位也有些變化，有的成了自由民，耕種少量土地，但依然被認為是下等人、賤民。他們的身體乃至影子不准碰到上等人，所以又叫「不可接觸者」。

古印度四個種姓階級（由上至下：婆羅門、剎帝利、吠舍、首陀羅）在梵文中，種姓叫作「瓦爾那」，它的意思是「顏色」。專家們認為，這反映了皮膚白皙的雅利安人

對皮膚黝黑的當地人的鄙視。所以，這既包涵階級壓迫意識，也具有種族歧視的內容。

隨著雅利安人在次大陸的統治地位得以確立和不可動搖，種姓制度已形成極為森嚴且千古不變的社會等級制度。婆羅門為了使這種制度合法化，為了使首陀羅馴服順從，除了武力外，還借用了神的威力。古印度人的祭司們在《梨俱吠陀》與《原人歌》為世人描繪了四個種姓選出的原因：

> 當眾神把普魯沙分割，
>
> 他們割了多少份？
>
> 他的嘴是什麼？
>
> 他的手臂叫做什麼？
>
> 他的腿和腳被賦予什麼名稱？
>
> 他的口是婆羅門，
>
> 他的雙臂變成了剎帝利，
>
> 他的腿成為吠舍，
>
> 而從他的腳上生出首陀羅。

在古印度，人們認為，在一個人的身上，最潔淨神聖的部位是口，它既是食物的入口，又是讚歌的出口，婆羅門的工作是用口，自然而然地生於神口的婆羅門也是最神

聖的、等級最高的姓。而生於臂的剎帝利位置比婆羅門低，應從事作戰或治理國家的工作，屬於第二種姓。生於腿的吠舍因有不潔的俗氣，所以應終身辛勤工作，以養活婆羅門和剎帝利，屬於較低的第三種姓。至於首陀羅，由於生於骯髒的腳，因而是不潔的、低下的，理所應當地該恭順地為其他種姓服務，是第四種姓，是最低下的，不可接觸的姓。

✦ 四種姓的劃分及禁忌

在四種姓中婆羅門為最高等的種姓，而婆羅門主要負責祭司事宜，這表示祭司活動對雅利安人來說具有重要的意義，且祭司階層在社會發展中占有舉足輕重的地位。我們在吠陀文獻《梨俱吠陀》中也能明顯地感受到婆羅門特殊的社會地位，因為那時代的聖歌除了大祭司外，幾乎沒有提到國王的高階官員在民政事務中擔任任何職能。

在古印度人看來，婆羅門祭司掌管著祭祀大禮，是人與神溝通的中介，是神在人間的代言人，具有神的意志，是神聖不可侵犯的。在古印度社會，婆羅門精通各種知識經典，其職責是教授人們各種倫理道德、行為規範、施禮行政和教育等。由此，創造和傳習文化知識都脫離不了婆羅門的領導，自然而然，婆羅門一開始就享有最崇高的社

會地位。

僅次於婆羅門的第二種姓是剎帝利，它主要由王族和武士階層演變而來。剎帝利掌握了一部分政治、經濟和軍事實權，且隨著權力的增長，他們也越來越不滿足於屈居於婆羅門之下並時時向婆羅門的無上地位進行挑戰。到了吠陀時代的後期，剎帝利的權威已經超過了婆羅門，吠陀文獻已公開聲稱，剎帝利是最高貴的，僧侶也只不過是國王的侍從。

第三種姓是吠舍，他們是農工商庶民組成的階層，社會地位遠低於兩個高階種姓，而略高於首陀羅種姓。在古印度吠舍被認為是不潔者，凡是手工木匠接觸過的東西會使祭典不潔，獻神的祭品他們是不准接觸的。吠舍往往和首陀羅結合成一個團體，共同抵制來自婆羅門和剎帝利的剝削與壓迫。

最低等的第四種姓被稱為首陀羅，意為不可接觸者，光從名字就可以看出首陀羅的社會地位是何等的低下，他們是奴隸種姓。首陀羅主要由被雅利安人征服的土著居民組成，隨著雅利安人的不斷爭戰，首陀羅的隊伍也在不斷擴大。

印度的種姓制度一旦確立，就是世襲相傳而不能更改的。種姓制度不僅與社會地位有關，而且與經濟狀況、政

治權利息息相關，所以說它不僅是階級制度，而且還明顯具有種族隔離的意味。

由於嚴格的種姓制度的隔離，古印度社會中存在許許多多禁忌，這些禁忌是包括婆羅門在內所有的人們都不敢僭越的。如婆羅門所做的食品其他種姓的人都可以吃，但首陀羅做的任何食物，其他種姓的人都不能吃。各種姓也不能合用一口井，他們認為水井會被其他種姓汙染。如果首陀羅犯了禁，可能會被痛打或處死，而婆羅門犯了禁也不會好過。

在《佛本生經》中講述了這樣一個故事：一個年輕的婆羅門外出學習，他整整一天糧水未進，又累又餓。後來遇到了一個首陀羅，後者看到他飢餓的樣子，由於好心便把自己的食物分給了飢餓的婆羅門年輕人。涉世未深的年輕人已餓得幾乎連思考的氣力都沒有了，狼吞虎嚥地把東西吃進了肚子裡。吃完後，這個婆羅門才想起該問清楚施捨者的身分，那位首陀羅如實相告。一時婆羅門青年只覺如晴天霹靂，他翻腸倒胃地把剛吃進去東西吐光，仍覺自己骯髒不堪，最後直到把鮮血也吐了出來。他悲不自禁，獨自走進密林深處，不再見任何人，不吃不喝，直至悲傷地死去。

在通婚方面，只許在同種姓內部之間通婚；一般還允許「順婚」，即高階種姓的男子可以娶低階種姓的女子，但禁止「逆婚」，如果堅持，高階種姓的人會被開除出種姓之外，連最低等的種姓也不會接受她。

不同種姓有不同的權利地位，這對於古印度社會來說再正常不過。顯然，婆羅門權位最高，享有種種特權，其中「戴沃錫風俗」就是典型的婆羅門特權的例子，它起源於原始雅利安人以妻待客的習俗。在《訶利世系》中有這樣一則故事：雅萬國王曾把回家途中的伽爾劫大仙（雅度族人的老師）引到自己宮中做客，還派自己的妻子「款待」大仙，並讓大仙留宿宮中。一夜風流後的大仙與國王妻子的結晶，就是後來稱雄一時的迦爾雅萬。「戴沃錫風俗」雖然說是雅利安人遺留下的野蠻文明的一部分，但從中我們也可以看到高貴血統人的特權，就連集權力於一身的國王也擺脫不了它的禁錮，更何況那些地位低下的人民呢？

種姓制度非常強調婦女貞節，然而，婆羅門在強化種姓制度的另一面，卻保留了原始的戴沃錫陋俗。它打著為女神服務的旗號，實際上是在把一些青年或少女買進寺廟後供婆羅門祭司蹂躪，使他們聲稱的寺院變成了比妓院還骯髒的地方。

在種姓制度占統治地位的古印度，一個人的職業也是與其種姓相應是固定世襲的。古印度人相信祭祀是與神靈的對話，是萬能的，所以凡同宗教有關的職業都是神聖高貴的，這樣的職業只有婆羅門的人才能勝任，並世代相傳。凡是那些「骯髒」的工作都應由下賤的人來完成，故低種姓的人只能世代從事掃地、洗衣織染之類的工作。為了維護自己神聖不可侵犯的利益，高階種姓極力限制和反對各種姓的人改行從事別的種姓的職業。

印度的種姓制度發端於吠陀時代，令人費解的是，這種極端不平等、不公正的社會制度卻持續了數千年之久，這值得我們深思。我們只能驚嘆於宗教對整個印度社會及印度人民的影響是如此之深，相對於種姓制度，也許就與婆羅門教的宗教影響，及其相應的倫理道德、行為規範有密切的關聯。

宗教

宗教是古印度文明的主要組成部分。回顧古印度的過去，我們不難發現，古印度的文明從裡到外都受宗教的激

發和貫穿，宗教的影響之悠久和持久，可謂絕無僅有。古印度人重視人類精神的價值取向，崇尚簡樸的生活方式以及對大自然的親近和熱愛，這構成了印度人所理解的今生與來世的獨特的世界觀。

✦ 婆羅門教

自然宗教是印度最早的宗教，也就是把自然界的各種現象當作有靈性的神來崇拜。雅利安人信奉雷雨之神因陀羅、太陽神羅裡耶、火神阿耆尼、天神和水神婆樓那、風神瓦尤以及黎明之神烏莎等等。

隨著雅利安人在印度河流域的定居，以及後來擴張領土到恆河流域，他們對當地人的壓迫和剝削日益加劇，種姓制度也隨之變得越來越森嚴。先是吠陀文獻的出現，後是種姓制度的逐步成形，為婆羅門奠定了統治地位的基礎，同時這也是婆羅門的根基所在。婆羅門不但把原始宗教裡的神載入吠陀經，還在經書中加入了世俗中不平等的內容，使之披上合理的外衣以此來消除低層人民的不平心理，藉以鞏固婆羅門不可撼動的地位。婆羅門借用神的威力來鞏固自己的統治，並逐漸形成了婆羅門教。

婆羅門教的演變和發展始終伴隨著種姓制度的演變和發展，婆羅門教主要反映出婆羅門這個階級的利益和意識

形態。

　　印度婆羅門教成形的吠陀末期，那時的婆羅門無論祭祀、崇拜、教義等都已系統化，構成印度傳統文化的重心，對後來的宗教如耆那教、印度教、佛教也有很大的影響。

　　婆羅門教有三大綱領：吠陀天啟、祭祀萬能和婆羅門至上。它宣揚婆羅門是「人間的神」，他們控制的吠陀經是天神授予的。人間凡人都在輪迴之中，凡人的言行造成「業」，人死後，按照「業」的標準，再轉世投胎到或高或低的種姓家庭裡去。處於低層種姓的勞動大眾在這種精神枷鎖的壓迫和鼓舞下，只能一輩子忍辱負重，用對神的敬畏和對來世的嚮往，來淡漠現實的痛苦，默默地為他們心目中的「神」貢獻出自己的最後一滴汗和血。

　　婆羅門教相信祭祀萬能，所以極重視祭祀。主要的祭祀有兩類：一類是家庭祭；另一類是天啟祭。

　　家庭祭一般限於家庭事務的祭祀，人生的各階段，如受胎、出生、命名、哺養、童年、成年、從師學習、學成歸家、結婚等，以及祖先祭和人死時的祭禮也屬於家庭祭的範疇。

　　天啟祭主要包括供養祭和蘇摩祭兩類，兩類之下又有

許多類，包含範圍極廣，如火祭，是祈求牲畜順利繁殖；初穗祭，是祈求豐年；婆羅門羅中規模最大的天啟祭是馬祭，它也是所有祭典中最隆重的。馬祭，是印度君王所做的祭祀，婆羅門認為可因此而使國王成為王中之王，做百次馬祭的君主可成為世界和眾神的主宰。

婆羅門教除了主張嚴格的種姓制外，還認為除首陀羅之外的人的理想生活應分為四個時期：

淨行期（梵行期）：幼時人塾，從師學習吠陀文獻，實行宗教儀軌，履行宗教義務，這個時期的生活目的就是 —— 求法。

家居期（家住期）：學成歸家，娶妻生子，積賺財富，履行成家立業的世俗義務，這個時期的生活目的就是 —— 結婚和求財。

林居期（林棲期）：離家人山，匿跡林泉，打坐參禪，侍梵祭天，過簡僕的出家生活為最後的解脫作準備，此時可攜妻修行。

遁世期（出世期）：單獨實踐苦行，棄家雲遊乞討，以苦為樂，磨練意智，以求最後終極的解脫。

婆羅門教認為，宇宙的本體是「梵」；人的諸器官如眼、耳、鼻、舌、皮膚的主宰體，生命活動的中心是

「我」，但梵和我兩者間在本質上是一體的。人如果不認識「梵」，不信奉婆羅門教，不履行種姓義務，就會陷入痛苦的生死輪迴。輪迴狀態根據人生前的行為好壞而有優劣之分，因果迴圈，行善成善，行惡成惡。要跳脫輪迴，達到解脫，只有信奉婆羅門教，遵守婆羅門教的各種宗教規定，掌握梵的知識，才能達到梵我同一的最高境界。

✦ 耆那教

耆那教是印度的一個重要哲學派別。在阿育王興佛教之時，耆那教是沙門思潮中最大的宗教派別。它在印度的原教和哲學思想史上都占有重要的地位。

西元前 6 至 7 世紀的時候，印度社會動盪不安，極不穩定。其主要原因來自種姓制度內部存在的尖銳衝突，其中掌握兵權、立國稱王的剎帝利與以天下第一自居的婆羅門發生了矛盾，具有強大實力和實權的剎帝利並不甘心居於婆羅門之下。特別那些原來是土著人首領、後來屈從雅利安人而被授予剎帝利稱號的武士，對高高在上的婆羅門越來越不滿。吠舍種姓中經商、放高利貸和成為地主的富人，家財萬貫，對於居於老三的現實也並不滿意，有經濟實力的他們迫切要求得到地位上的提升。有了共同目的的他們同剎帝利聯合起來與婆羅門作對。被壓在最底層的首

陀羅則忍無可忍，或破壞，或謀殺，或逃亡，用實際行動掙脫婆羅門教的精神桎梏，反對婆羅門教的壓迫剝削。

✦ 耆那教的苦修者

社會孕育著變動，造成了思想界的百家爭鳴局面，於是，就形成了一場轟轟烈烈的宗教改革運動。據說當時出現的各種新的思想流派高達 363 種，其中影響最大的是耆那教和佛教。

耆那教的建立者是筏馱摩那，他的弟子們尊稱他為摩訶毗羅，意即「偉大的英雄」，簡稱「大雄」。

大雄與釋迦牟尼是同時代人，約西元 540 年生於跋耆首都吠舍離附近的貢得村，屬於剎帝利種姓。他父親是貝拿勒斯一個小王國的君主。雖然生活在一個富裕、奢華的家庭，但大雄並不感到幸福。他 28 歲離家修行，進入森林過苦行生活，尋找解脫不幸的途徑，歷經艱難險阻以後，42 歲時，終於在吠耶婆達東北建皮耶村的一棵沙果樹下覺悟成道，成為耆那（意為「戰勝情欲者」）、尼乾子（意為「解脫束縛者」）。此後大雄便在恆河中下游地區孜孜不倦地組織教團，演講教義達 30 年，直至離世。據說那時他的教徒已發展到 14 萬人的規模。

　　耆那教教義最重要的內容是「七諦」說。「七諦」說的內容是有關命我、非命我、漏入、繫縛、遮、滅、解脫的理論。

　　耆那教的聖者戈默共湼沃羅‧巴胡巴里的雕像。他的身後，朝聖者正在朝雕像上淋灑用牛奶、藏紅花油、花瓣和椰汁合成的聖水。耆那教並沒有擺脫婆羅門教的影響，而是做了相應的繼承，如耆那教沒有否定婆羅門教的輪迴解脫說，只是作了改造，形成為自己的學說。它認為：靈魂（命我）原來是完美無缺的，但與極微等東西結合形成為萬物投生世間後，受到身、語、意識所產生的行為即「業」的汙染。被汙染的靈魂，將處於輪迴轉生的狀態。它投入何種軀體，則取決於其被汙染的程度。多行善事，多積善業者，死後可轉生為天神；多行惡業者將轉為低等動物。耆那教認為，即使轉為天神也並不幸福。因為，處於輪迴的靈魂在本質上都是痛苦的。只有徹底消除業對靈魂的汙染，使靈魂擺脫輪迴狀態而得到解脫，才是至高境界。

　　耆那教指出，要消除「業」的汙染就必須奉持正信、正智、正行，被稱為「三寶」。正信，指虔誠地信仰耆那教教義。正智，指正確地理解耆那教教義，從事物的苦修的佛陀（印度拉合爾博物館藏）生滅變化中認識靈魂的永恆性。

正行，要求未出家的信徒實行五戒：不殺生、不欺誑、不偷盜、不姦淫、不追求私財。

耆那教信徒實行「三寶」到了幾近苛刻的地步，如他們恐怕傷害生物，不飲未過濾的水，因為未過濾的水中含有生物。他們外出時口戴薄紗，手執掃帚或樹枝邊掃邊行，口唱「去去」，以防蟲子飛進口中或被踩死。耆那教徒務農者很少，多經營商業，就是怕傷害田地裡的生物。對出家的信徒，耆那教的戒律更為嚴格，要求行苦行。它指出苦行是消除業的繫縛、獲得解脫的最佳途徑。耆那教的苦行在食、宿、衣、行等方面都有嚴格的規定，採用的是折磨自身肉體的方式。耆那教認為，這樣苦行 12 年後再絕食而死，就能徹底消除繫縛靈魂的業，使靈魂獲得永久的解脫。

耆那教對婆羅門教進行了批判，耆那教否認吠陀經典，不相信神造萬物，認為婆羅門至上是人為的，騙人的，祭祀、祈禱是白費精力和時間，徒然殺害生靈，增加罪惡。

耆那教在承認種姓制度的同時，對婆羅門的特權地位也進行譴責，主張種姓平等，對低階種姓採取比較寬容的態度。就社會意義來說，耆那教的出現與佛教有較多相似

之處。它也代表了商人和剎帝利的利益，反映了他們的要求，反對殺牲祭祀，支援商業，支援加強王權，這都對社會經濟發展有利。和佛教不同的是，它過分強調不殺生和苦行主義注定了在農民和許多手工業者中得不到支援。農民耕地，手工業者做工是不可能像它要求的那樣不殺生的。這樣，耆那教就不能有廣泛的信仰者，而僅僅成了商人、少數手工業者和城市居民的宗教。耆那教作為一種宗教，也避免不了具有為統治階級服務的功能，它同樣對下層群眾發揮著麻醉作用。

耆那教的經典是《十一支》，是大雄去世後 200 多年他的弟子集結彙編的。大雄自己否定崇拜神，在他去世後，卻被神化，這是必然的。因為任何宗教思想體系都要把人引向彼岸世界，如果不造出個神來，彼岸世界就不會有誰來主宰乾坤了。

✦ 佛教

列國時代的沙門思潮中的佛教發展最快，它在社會各階層中擁有眾多的信徒。自阿育王時代始，佛教向中亞、東南亞和東亞等地區傳播，逐漸成為世界性的宗教。現在，佛教與基督教和伊斯蘭教並立，為世界三大宗教。

古印度是佛教的發源地。佛教的創立者是喬達摩·悉

達多（約西元前 565 ～前 486 年）。他得道創立佛教後，被佛教教徒尊稱為釋迦牟尼，意為「釋迦族的聖人」，又有佛陀之稱號，意為「覺悟者」，在佛教的神話中被描繪成歷經幾世修行的類似天神的人物。

菩提樹代表佛祖，他正在向圍坐四周的信徒布道。悉達多的父親為迦毗羅衛的國王淨飯王，母親名叫摩訶摩耶，是一位公主。傳說摩訶摩耶一天夜裡夢見一頭白象進入她的子宮，並由此懷孕。

淨飯王對悉達多寄以厚望，為使兒子成為一個偉大的國王，讓他從小接受軍事技藝訓練，師從賢哲學習詩書。悉達多在 29 歲以前生活在王宮之中，父慈妻賢，享盡榮華富貴。但物質上的富裕並沒有妨礙他精神上的追求。他富有哲學家的氣質，對人世的各種問題都要深究細析。在有了自己的兒子羅睺羅，完成印度世俗的傳統責任之後，他決定拋棄世俗生活，出家修行求索人生真諦。

一天深夜，等妻子睡著之後，悉達多偷偷溜出了王宮。先是到處尋訪名師，但得不到滿意的解脫之道。後來他又自己一個人在樹林裡苦修，身體已衰弱不堪，還是迷惑不解，他意識到單靠苦行是不夠的。最後，他在尼連禪河裡洗了個澡，累得爬不上岸。後來好不容易拉著低垂的

樹枝上岸後，又喝了一位牧女送給他的牛奶，才恢復了一些體力。隨後來到一株菩提樹下，鋪上草，面東盤膝而坐，發誓若不大徹大悟，便再也不起身。

就在七天七夜的忘我靜思之後，悉達多終於悟得人生真諦：人世的因果報應，是源於人的行為；而人的種種行為又源於人的欲望。人們正是沒有斷絕自己的欲望，才流轉於生死輪迴之中。而斷滅欲望、擺脫生死輪迴，既不能採用苦行的方法，也不能留戀世間的享樂。前者消磨人的體力和精力，後者則使惡行增加。正確的修行方法是二者之間的「中道」。

釋迦牟尼參悟得道後，開始宣揚自己的學說，普度眾生。他悟道時 35 歲，在隨後的 50 年裡，他一直在北印度宣揚佛教，信徒越來越多。他悟道的菩提樹後來成為民間頂禮膜拜之地，以後又成為著名的朝覲中心，從樹上砍下的枝條隨著佛教的傳播種植到東、西亞各國，其中也包括中國。

佛教的教義簡單來說是「四諦」。

苦諦，說明人生充滿痛苦，是個苦海。不但有生老病死之苦，還有愛別離、怨憎會、求不得、五陰熾盛等痛苦，謂之八苦。

集諦，說明痛苦的根源是有各種欲望。本來世間一切變化無常，不值得去追求。然而人們由於無明或無知，產生各種愛欲貪欲，這就不能不導致各種痛苦。人的思想、言語、行動都是作業，作業就有果報，形成輪迴，重新受苦。

滅諦，說明要免除輪迴，解脫苦難，關鍵在於根除欲望。做到這點就能停止作業和輪迴，進入佛教的最高理想境地，即涅槃（意為滅），亦即不生不滅的極樂世界。

道諦，規定了修行的道路，即八正道：正見、正思維、正語、正業、正命、正精進、正念和正定。任何人只要遵循這八正道，不論社會出身，都可得到解脫，修成阿羅漢果。

✦ 佛陀立像

除「四締說」之外，佛教中還有「十二因緣說」、「五蘊說」、「業報輪迴說」及「三法印」等中心教義。其中「三法印說」是佛教教義上核心內容。部派教及大乘佛教興起後，佛教文教的內容有所變化，但「三法印說」大致上被各派所遵奉。「三法印」是佛教與其他宗派學說相區別的代表。

佛教在修行上明顯區別於婆羅門教，佛教主張每個人

依靠自身修行即可達到解脫。這就排除了婆羅門教的殺牲獻祭和繁瑣儀式，而且排除了婆羅門的中介作用。

佛教的一大貢獻是否定了婆羅門教的種姓制度，主張眾生平等。它的「諸法無常」衝擊了婆羅門教生來高貴的信條，這對當時的社會進步發揮了積極的作用。它的教義不但在剎帝利和吠舍當中產生巨大的共鳴，而且得到了最低層首陀羅的支援，所以群眾基礎較為廣泛。

佛教是一個較大的宗教派別，僧團分散於各地，這就決定了教派內部不可能是團結一致的。其實，早在佛陀在世時，教佛陀坐像派內部就已出現分裂。據漢譯《四分律》記載，一次某弟子犯戒，在對其是否作出處罰的問題上，眾弟子發生爭執，經佛陀再三調解，事情才得以解決。

✦ 騎馬前往森林修苦行的佛陀

佛陀晚年時，佛教發生了一次大的分裂，佛教史上稱之為「提婆達多破僧」。提婆達多是佛陀的堂兄弟。他十分聰明，天資極高，出家後精研教義，能持誦八萬法藏，在佛門中頗有聲望。但他有野心，想取佛陀的地位而代之。他提出恢復「四依柱」生活方式的主張來反對佛陀，要求信徒不食乳酪、肉類、鹽，受用時不截布（穿用整幅的布），常居於野外。不少信徒支援他，投入他的門下。這也說明

佛教放棄「四依柱」生活方式是經過一番激烈鬥爭的。後來佛陀親自出面,做了許多工作,才召回一部分人。還有一部分人聚於提婆達多身邊,成立獨立的僧團。西元 7 世紀玄奘遊歷印度時仍見到提婆達多僧團的活動。

佛陀逝世後,佛教內部的分裂進一步加劇。據南傳佛教文獻《大史》和《島史》記載,約西元前 368 年佛教眾僧第二次集會時,東印度跋耆族的比丘提出持律應較為寬鬆的主張,具體為十個方面:角鹽淨,可用角器裝鹽;二指淨,中午太陽偏西二指時可吃食物;他聚落淨,飯後可到村內再食;住淨,同住一地者,可分開舉行懺悔儀式;贊同淨,決議可先由一部分比丘透過,後徵求其他人的意見;所習淨,依慣例行事不算違戒;不攪搖淨,可喝未攪動的牛奶;飲樓淨,可飲未發酵的棕櫚酒;無緣坐具淨,可坐大小不同的坐具;金銀淨,可接受金銀的施捨。以上十個方面,在佛教史上又稱「十事」。他們的要求雖未獲得一致通過,但得到不少比丘的支援。這樣,眾比丘分裂為兩派。支援跋耆比丘者為大眾派,反對者為上座派。

✦ 佛陀涅槃

北傳佛教文獻《異部宗輪論》的說法則不同,認為分裂的原因是對阿羅漢的看法有爭議。阿羅漢是佛教的一種修

行果位，地位僅次於佛。早期佛教以為，進入斷絕生死輪迴的境界後，其他人只得到阿羅漢果位，只有佛主才有佛的果位。一個叫大天的比丘提出異議，認為得阿羅漢果位者仍有凡人的生理機能，接受四諦說還有些猶豫等等，只有佛的果位才是完美無缺的。眾比丘對他的說法有不同的看法，於是分裂為大眾和上座兩派。

在佛教史上，佛教分為大眾和上座兩派，稱為根本分派。至西元 3 世紀，從這兩派中又分裂出一些部派，稱之為枝末分派。至枝末分派時，佛教進入部派佛教時期。

✦ 印度教

印度教是現代印度占統領地位的宗教，信徒人數達 7 億之多。它的淵源可以追溯到吠陀時代的吠陀教以及爾後的婆羅門教，它們經過歷史的演化，在笈多王朝時期轉化成印度教。

印度教融合了多種信仰，它非常複雜。馬克思（Karl Marx）曾經精闢地論述說：「這個宗教既是縱欲享樂的宗教，又是自我折磨的禁欲主義的宗教；既是林迦崇拜的宗教，又是札格納特的宗教；既是和尚的宗教，又是舞女的宗教。」

　　印度教信奉的是多神論，所以並沒有單一的信條。萬神殿繼承了吠陀諸神、婆羅門教諸神的譜系，容納印度各種民間信仰，形成了崇拜梵天、毗溼奴、溼婆三大主神的格局。三大主神又有各自的配偶、化身或變相，衍生出無數奇幻無窮的故事。在笈多王朝前後以梵文編寫的印度兩大史詩《摩訶婆羅多》與《羅摩衍那》和各種《往世書》中，彙集了印度教大量的神話傳說。笈多王朝的帝王大多信奉印度教，尤其崇拜毗溼奴，奉其為王朝的守護神。在笈多王朝時期印度和中印度各地興建了大量印度教神廟，雕刻了許多印度教神像。這些神像儼然是笈多時代理想化的帝王形象。在這些帝王的影響下，笈多時代的藝術普遍帶有印度教的色彩。

　　印度教哲學的核心是宇宙生命崇拜。所謂的三大主神及其配偶和化身，實質上都屬於同一種宇宙生命的象徵，或者說都屬於宇宙一元論的不同側面的美化表現。因此，虔誠的教徒一般願望是獲得解脫，脫離生死輪迴，在一種永恆的狀態之中獲得安息，以實現與梵合而為一。

　　印度教和耆那教一樣主張非暴力，不殺生，認為任何形式的暴力都是罪惡，即使踩死一隻螞蟻也認為是不仁。這種思想對印度人影響很大，他們忍受伊斯蘭教教徒的壓

迫及英國的殖民統治，用超乎尋常的忍耐力，終於實現了
國家真正意義上的獨立。

古印度哲學

古印度哲學的源頭 ——《奧義書》

　　《奧義書》是印度古代哲學的源頭，不僅婆羅門教的各個哲學流派發源於它，就連佛教、耆那教的哲學也深受它的影響。奧義書最早出現於西元前 7 世紀，即吠陀時代的晚期。奧義書不是一本書，而是一批專門闡述婆羅門教宇宙觀、人生觀和解脫觀的哲學經典。現在儲存下來的奧義書還有 100 多種，大都產生於西元前 7 世紀至前 5 世紀，其中最重要的有 13 種：《廣林奧義書》、《歌者奧義書》、《愛達羅氏奧義書》、《海螺氏奧義書》、《鷦鴣氏奧義書》、《由誰奧義書》、《自在奧義書》、《迦塔伽奧義書》、《蒙達伽奧義書》、《疑問奧義書》、《白螺氏奧義書》、《慈氏奧義書》和《蛙氏奧義書》。這些《奧義書》。所闡述的許多哲學理論後來不僅成為婆羅門教的基本教義，而且被佛教、耆那教和其他思想流派所吸收，成為古代印度哲學的重要源頭之一。

　　婆羅門教的宗教思想，集中在《吠陀》以及對其解釋的諸《梵書》和《奧義書》中。《吠陀》與《梵書》多為教義、祭儀等方面的記載和解說，主要內容為宗教領域。《奧義書》則不同。它對宗教教義的解釋，已具有明顯的哲學思辯內容。

在《吠陀》中，梵天是超自然的神，是宇宙萬物的創造者。梵天神的這些特點，在《奧義書》中也有表現，但其論述更為深入。它指出，梵天身為創造主，其本身應是沒有任何特性的，不表現為任何形式。否則，它不可能作為造物主，產生出特性不一、形式各樣的萬物。但無特性的梵天又是可以認識的，「奧義書」以否定的方式作了說明，認為只有否定一切具體特性和性質，才能認識梵天。這種認識從感覺經驗上是無法得到的，只有從心靈（理性）上作出思考，才能最終領悟梵的存在。《奧義書》所謂造物主梵天，已有明顯抽象的特點，在論證上也有思辯的意味。

《奧義書》一方面把梵視為宇宙的本體，萬物的根源，另一方面又把它描繪成無限美好的極樂福境，是人生追求的終極目標。一個人只有明白「梵我同一」的道理，透過修煉去克服私欲，把「我」從肉體的束縛中解放出來，還原於梵，這樣，人的靈魂才可以實現解脫，達到極樂境界。

《奧義書》既然認為人體生命的靈魂是不生不滅的，也就要對個體生命死後靈荒去向作出合理的解釋。就這個問題，它提出了靈魂輪迴解脫說，這種說法其實早在《梵書》中就已提到，但《奧義書》進一步將其理論化。它指出，靈魂在身體死亡後，將投入另一個母胎中轉生。靈魂的轉世

要經歷五個階段：進入月亮，變為雨；雨降大地後變為食物，食物被吃後變為精子；精子進入母胎形成新的生命。這種「業報輪迴」的思想不僅影響到亞洲，而且幾乎影響到全世界。

《奧義書》在「梵我同一說」與「業報輪迴說」之外還提出了「精神解脫說」與「智慧瑜伽說」，要求人們透過各種修煉，使個人的靈魂和宇宙的靈魂結合化一，從而實現靈魂的解脫。總之，《奧義書》已經從吠陀本集與梵書的神話傳說和巫術咒語中走出來，從神話的形象思維走向哲學的抽象思維，用邏輯的方式來探討人的本質、宇宙本質、人與自然的關係、肉體與靈魂的關係等重大哲學問題。它所提出的各類學說，不僅直接影響了婆羅門教的各派哲學，而且對佛教、耆那教等其他哲學流派都產生了深刻的影響。

婆羅門教六派哲學

西元前 6 世紀，婆羅門教為了應對新興的耆那教、佛教的攻擊，維護自身的統治地位，對教義作了許多新的解釋，逐漸形成了正統哲學六宗。

　　大約西元前 3 世紀以後，婆羅門教的六派哲學開始陸續產生，後來經過數百年的發展和完善，才逐步建立起自己獨立而完善的體系。這六大宗派分別是數論、瑜伽論、勝論、正理論、彌曼差論和吠檀多論。

✦ 數論派

　　數論哲學的基礎是「因中有果論」，認為結果只是原因的另一種表現形式，原因與結果於本質上沒有區別，一個是事物的隱蔽狀態，一個是事物的顯現狀態。從因中有果論出發，它提出了一種二元論學說，又稱「二十五諦說」。二十五諦說顛倒了物質和精神的關係，但包含著許多唯物主義的因素。這種具有唯物主義因素的二元論學說是古代數論派的最大特色，但是後期數論由於受到吠檀多思想的影響，逐步改變了它最初二元論的性質而逐漸走向唯心主義一元論體系。

　　數論派發展了奧義書的輪迴解脫說，認為人生的本質就是苦。苦分為三種：外部之苦，包括鳥、獸、蚊、蟲和毒蛇等所引起的苦；內部之苦，包括生理上的苦（高燒、抽風、痰盛、咳嗽等）和心理上的苦（怒、氣、貪、愛、嫉妒、恐懼等）；自然之苦，包括寒暑、風雨、雷電和山崩等所導致的苦。數論派對人生痛苦的解釋，旨在論證個體生

命擺脫輪迴轉生的必要性。這種學說對後世的思想流派影響較大。

✦ 瑜伽論派

瑜伽論派的學說主要是論述宗教修行的理論。瑜伽修行的目的是透過各種方法，抑制心的作用，使人的靈魂與宇宙精神相結合，最終達到解脫。

在瑜伽實踐上，該派提出了「八支行法」。這八種修行方法有：禁制、勸制、坐法、調息、制感、執持、禪定和三昧。瑜伽派的學說和實踐不僅對婆羅門教各教派的修行方法，而且對佛教、耆那教和其他宗教的修行方法都產生過重要的影響。

✦ 勝論派

勝論出現於西元前 2 世紀，創始人為迦那陀。主要經典是《勝論經》，此書定型較晚，約在西元 2 世紀左右。勝論的意思是「殊勝」、「區別」和「差異」等，這表示該派研究的重點是世界各種現象的差異和特殊性。勝論哲學的特色在於它的原子論和六句義說，從邏輯上對極微的存在作了較深入的推論。

勝論哲學是印度古代最有代表性的唯物論學說，它的

極微學說與其他一些非婆羅門思想流派的萬物起源說有許多類似之處。

✦ 正理論派

正理論派以認識論和邏輯學為主要宗旨，把人的認識分為「確切的認識」和「非確切的認識」兩種。「確切的認識」又分為四種：現量（知覺）、比量（推理）、比喻量（類比）和證言。而「非確切的認識」則分為疑惑、錯誤、假設的論證、記憶四種。

正理論對印度哲學最突出的貢獻，就在於它對邏輯學的研究。它經過長期的探索和研究，確立了一個名為「五支論法」的邏輯推理方法。這種推理方法分為五個步驟：宗（命題）、因（理由）、喻（例證，包括正例與反例兩種）、合（應用）、結（結論）。「五支論法」是一種很科學的推理方式，它足以同古希臘亞里斯多德提出的「三段論式」推理法相媲美。後世一些哲學家常比較正理論派的邏輯理論與歐洲的邏輯學之異同。

✦ 彌曼差論派

「彌曼差」有「思維審議」和「審查考究」之意，因此，該派哲學的重點是對吠陀祭祀的方法和意義的「審查考

究」。他們把人的認識分為六種：現量（知覺）、比量（推理）、聖言量（證言）、譬喻量（類比）、義準量（推定）、無體量（非存在）。此學說雖然從宗教神學出發，但是承認祭祀時使用的語言背後存在著一種凌駕一切之上的獨立原理，從而否定了作為創造主的最高神的存在。可以說，它具有某種無神論的傾向。彌曼差論由於過分強調祭祀在解脫中的作用，所以隨著人們對繁瑣祭祀的厭惡和反對，該派的影響力也逐漸減少。

✦ 吠檀多論派

吠檀多論，以研究奧義書為主要物件，思想淵源也可追溯到奧義書。

吠檀多論繼承了奧義書「梵」與「我」的學說，並且以研究最高本體「梵」、個人靈魂「我」和現象世界這三者的關係為基本宗旨。在長期的發展過程中，由於對這三者關係的看法不同，吠檀多論內部又分裂出許多不同的學派。主要的學派有：吠檀多不一不異論、吠檀多不二論、吠檀多制限不二論、和吠檀多二元論。

吠檀多哲學是以婆羅門教的根本經典 ──《奧義書》為依據，以「梵我」學說為基礎，經過長時間發展和完善而逐步形成的。從一產生，它就受到歷代婆羅門統治階級的

重視，一直在思想領域占據著重要位置。特別是西元 8 世紀以後，商羯羅進一步改革和創新吠檀多哲學，把它提升到一個更高的水準，使它成為印度教社會中占主導地位的思想體系。因此，在婆羅門教六派正統哲學中，吠檀多論派對印度思想的影響是最大的，是印度最重要的哲學派別之一，其學說是印度教的重要理論基礎之一。

六教派論的學說表現出更明顯的思辯特點，反映了印度哲學思想發展的趨向。

佛教哲學

佛教哲學是佛教思想的精華，亦是佛教文明的代表。印度佛教發展的各個歷史時期都有自己獨特的哲學思想與學說，但是從整體上看，影響最大、最能代表印度佛教哲學的有三種學說。它們是：釋迦牟尼的初期佛教學說、龍樹的大乘中觀派學說、無著的大乘瑜伽行派學說。

釋迦牟尼創立佛教的目的，就是要解決人生的痛苦問題，力圖把人從生活的苦難中解救出來。因此，他的哲學是以探討人生問題為主要宗旨的，即討論人為什麼活著、

如何活著、人生命運、道德行為等等問題。但是，在討論
人生問題的同時，他也不可能不涉及宇宙方面的問題，如
萬物的起源、世界的形態等等。所以，釋迦牟尼的哲學是
以討論人生為主，也包括宇宙起源、世界形態等方面的
問題。其主要內容有諦說、緣起說、五蘊說、諸法無我
說等。

龍樹是中觀派理論的創始人，亦是大乘佛教哲學最有
代表性的人物。他的著作和思想不僅對印度佛教，而且對
世界佛教的發展都有深刻的影響。中國、朝鮮和日本的許
多佛教派別都曾受到龍樹思想的影響。龍樹的主要理論有：
緣起性空說、八不說和二諦中觀說。

瑜伽行派由於強調瑜伽修行的重要性，而得此名。該
派的出現比中觀派要晚一些，其學說大約在西元 4 至 5 世
紀成為佛教的主流思想，那時正是印度笈多王朝的興盛時
期。無著是瑜伽行派理論的奠基人。瑜伽行派是一種徹
底的唯心主義學說，其主要內容有「萬法唯識」說、三行
說等。

瑜伽行派的思想不僅對印度，而且對世界佛教的發展
都有很大的影響。

順世論

　　順世論是古代印度最著名的唯物主義哲學流派。順世論，意為「流行在人民中間的觀點」。順世論認為，萬物是由地、水、火和風四大物質元素構成的。萬物的形成皆是四大元素的積聚，而其死亡則是四大元素的離散。順世論還進一步指出，四種物質元素不斷運動著，其聚散是自然發生的，不存在什麼超自然的主宰者。順世論的觀點具鮮明的唯物主義特徵，徹底地批判了婆羅門教的神創世說。

　　順世論不僅認為萬物由四種物質元素積聚而成，而且指出人的意志產生也與四種元素的積聚、離散有關係。順世論認為，人的意志與肉體——樣，都源於四大物質元素。四大物質元素本身並沒有意識，但它們結合在一起時，意識就產生了。順世論徹底否定了靈魂的存在，對意識與肉體關係的解釋是深刻的。

　　在認識論方面，順世論重視人的感覺作用。順世論以為「唯有（可）知覺之物存在，不可知覺之物不存在，因為它從未被感知過」，甚至相信「人們也從不說不可見物被感知」。這就是說，只有被感知的事物才是真實的存在。順世論指出，除感知外，人們也透過間接的或推理的途徑

獲得知識。然而，從後兩種途徑獲得的知識是不真實的。因為，間接知識經過了中間環節，而經過中間環節就有不可信的因素混雜進來；推理所依據的是不能感知的事物之間的關係。雖然某些推理可能成為事實，那只是偶然幸中的，並沒有確定性。

不過，順世論並沒有否定一切經過推理而獲得的知識。它所否定的是對靈魂、來世、前世等在世間並不存在的東西的推理。

在社會倫理方面，順世論充分肯定人們追求幸福生活的欲望，反對各種禁欲主義和苦行，提倡積極樂觀的人生態度。它指出，沒有天堂，沒有來世的解脫，人生的幸福就是盡情地享受。對種姓制度，順世論也進行了抨擊，認為人皆由四大物質集合而成，生而平等，並指出婆羅門和首陀羅血管中流的血液都是紅色的。

順世論的思想，具有反對一切宗教的特點，對印度唯物主義哲學思想的發展有極其重要的影響。它代表了廣大下層民眾的利益，反映出他們熱愛生活、追求社會平等的心聲，在否定吠陀權威和反對婆羅門教的思想運動中發揮了積極的作用。

古印度神話

吠陀諸神

在早期吠陀時代，人們崇拜著眾多的神靈，最重要的就有 33 位，但在吠陀經典中提到的神靈的名字遠遠不只這個數字，據統計竟多達 3339 位！眾多的神靈構成了一個龐大的神的世界，有的在很早以前就被雅利安人頂禮膜拜著，有的為次大陸原住居民世代敬奉的偶像，他們現在都加入了雅利安人的諸神行列。他們有的是自然萬物的化身，有的是祖先英傑的靈魂，有的形狀怪異，有的則與常人無二，更有的形影不定等等。西元前 5 世紀，吠陀學家耶斯迦把吠陀諸神分為了三界：天、地和空。

天界之中有天神特尤斯、律法神伐樓那、黎明之神烏莎、世界維護神毗溼奴、家畜保護神普善等等，他們都各司其職，各具神通。太陽神也是天神中的重要神，有意思的是，太陽神在不同的時間階段名字也相應的不同，它們分別是密多羅、蘇利耶、娑維特麗、維婆斯婆特等。

在空界中，有雷神因陀羅（帝釋天）、水神阿婆姆和阿帕斯、風神伐由（伐多）、雨神帕伽雅、暴風神樓陀羅等。

地界中的神和人們的生活很貼近，有火神阿耆尼、地母神波哩提毗、河川神娑羅室伐底、酒神蘇摩、祈禱神婆

羅曼那斯帕蒂等。

　　吠陀諸神以後的宗教神靈有許多不同之處，他們純樸、原始，而且大都與一種自然現象或社會現象聯絡在一起。眾多的神明共組一個大家庭，沒有哪一個神能夠取代他人，更沒有一個能集所有神力於一身的眾神之主。雷神因陀羅一度特別重要，但他也沒有成為真正意義上的神中之王。這種情況恰好與印度當時的歷史現狀相吻合，是雅利安人原始社會末期狀況的一種折射。

✦ 雷神因陀羅

　　在早期吠陀時代，雷神因陀羅是具有最古樸特徵的神之一，也是地位較高的神之一。從相關文獻的記載我們就可以看出雷神因陀羅崇高的地位，《梨俱吠陀》中有 250 首讚頌因陀羅的詩篇，占詩篇總數的 1/4。其他典籍中，讚頌雷神的篇章也處處可見。在這一點上，沒有任何一個神能與之相比。

　　在吠陀文獻中，因陀羅是天神特尤斯和地母神波哩提毗的兒子，他是從母親的肋下出生的。在喝下一杯有魔力的飲料之後，他便飛快地長高，從而使他的父母永遠地分開了。因陀羅是一個神勇的巨人，他的皮膚、毛髮都是褐色的，臉上布滿痘痕，手執金剛杵，騎白象，在巡行時乘

坐馬拉的戰車，風神總是追隨其後。藍天和大地賦予因陀羅偉大的力量。他力大無比，性情豪放，暴怒時吼聲震天，令萬物顫慄，平靜時也顯得神態威猛；他嗜酒成性，狂飲起來猶如巨龍吸納百川；他尚武好戰，在任何強敵面前決不低頭。在吠陀文獻裡有這樣一個故事：

宇宙之蛇、雷雨雲化身弗慄多自恃神通廣大，四處興風作浪，諸神聞之喪膽，意欲歸順，但年輕的因陀羅挺身而出，與惡魔展開殊死鏖戰，最後降服了弗慄多，從其胃中流出了陰性的宇宙之水，稱因陀羅為王，成為宇宙的基礎。

雷陀因陀羅在《梨俱吠陀》中，讚頌因陀羅的詩句充滿敬畏之情：

他生來便是有權力的高傲精神之主神，

變成了諸神的保護者，

因他偉大的英勇，

他吹口氣，

兩界便顫慄，

哦，人啊，

他是因陀羅！

你真是兇暴而正直，

釀造和傾注奠酒的人，

你給與大力。

願我們始終成為你的友好，

哦，因陀羅，

高聲地說話，

和我們的英雄會合。

因陀羅事實上是被雅利安人人格化了的神靈，在他身上處處可見平常人所具有的性格特徵。隨著社會的發展和統治階級需要，因陀羅身上的自然屬性逐漸淡化，他逐漸成為維護秩序、代表權威的世界之王。但既使是神也擺脫不了自然規律，終於有一天，這位充滿原始力的神從頂端消退，讓位於具有更超凡的神祕力量的神靈。

✦ 火神阿耆尼

早期吠陀時代的另一位有名的神是火神阿耆尼。關於他的來歷有兩種不同的說法，一種說法認為他與因陀羅是兄弟，也是天神和地神所生，而相對來說另一種說法更為流行，也更符合他的地界之神的身分。在《梨俱吠陀》中，阿耆尼的父母是兩塊帶有神性的木條：

（它們）在一起摩擦，

變成黑色，

生出嬰兒阿耆尼。

這個嬰兒的火舌朝著東方，

越燒越旺。

在一幅火神的畫像上，我們看到他長著兩張面孔，向著相反的方向，兩條長長的舌頭，那是火焰之口。在他數量眾多的手上，拿著不同用途的寶器，而他的坐騎是一頭類似於羊的神畜，載他四方巡遊。

在吠陀文獻中，阿耆尼是一個毀滅之神，在他成長的過程中，甚至連自己的父母也被他噴出的烈焰焚毀了。眾神十分害怕他的神威，紛紛送禮物給他。因此他的地位幾乎與因陀羅不相上下，獻給他的頌詩有近 200 首。同時，火神又給人們帶來光明和溫暖，詩人們唱道：

哦，阿耆尼，

你驅散黑夜，

使我們輕鬆上路。

對火神阿耆尼的崇拜，我們可以看到雅利安先民們對火的敬畏之情，他們把火視為上天贈予的聖物。因此，在

祭祀中少不了對火和火神的膜拜。

　　雅利安的先民們堅信，火神是溝通人界與神界，是使宗教祭祀得以實施的保證。應該說，這是游牧民族古老遺風的反映。阿耆尼的命運也和雷神一樣，當農業文明終占主流，宗教走向成熟，他身上存在的原始色彩就成為受崇拜的障礙，最終從高位上滑落。

✦ 太陽神

　　在天界諸神中，太陽神頗具特色，他不只有一個名字，而是因方位不同擁有數個名字。也有人說，《吠陀》中的太陽神不是一個，而是一組神。主神是蘇利耶，其他的神是他的化身，而且各化身所司的職能也不盡相同。如娑維特麗能使萬物復活，維婆斯婆特是牲畜的保護者、人類的朋友和保護神。吠陀時代的太陽神的形象和中國以及其他國家太陽神的形象有共同之處。他坐在七匹駿馬或七首駿馬拉的太陽車上，馬車由馭手駕駛，每天一次巡視天空。在他的四周是閃耀光芒的光環。同時在身邊時常有律法神相伴。早上，黎明之神烏莎歡迎他的到來，夜晚，黑夜之神臘德麗為他送行。也許，再沒有哪一位神能在與人們的生活方面比得上太陽神那樣，是如此密切。因此，在對太陽神的頌詩中，我們感受到了親切：

他的光明載他高升，

此神知一切眾生，

蘇利耶，大家得瞻望他。

他的光芒遠遠地望見，

燦爛著人們的世界，

有如火之烈焰的焚燒和照耀。

你去到諸之群，

你來到這裡人間，

這裡大家欣喜地瞻望。

婆羅門眾神

　　隨著時間的推移，特別是在婆羅門教形成之後，眾神間原來的平等關係逐漸發生變化，眾神原有的秩序被幾個原來並不起眼的普通神靈打破了，他們最後成為高踞眾神之上的主神，他們就是創造神梵天、護持神毗濕奴和毀滅神濕婆。

　　如果說早期吠陀諸神身上還帶著濃厚的原始社會遺風的話，三大主神的出現則開始折射出人間權威的確立，特

別是創造、護持和毀滅三大絕對權力的確立，顯示人間的國王已需要為自己罩上主宰世界、統治世界的神聖光環。人們的認識力也開始從萬物有靈的階段發展到概括抽象的程度，那些風雨雷電、山河鳥獸等具體的自然現象被逐漸淡化，而凌駕於萬物之上的力量被神化為天神。但是傳統是頑強的，在古代印度，眾多的神長期存在。即使是一神教出現之後，多神崇拜仍然深深紮根於人民的精神世界之中。

✦ 創造神梵天

關於創造神梵天的由來，說法各不相同，梵天有時被說成是眾神之首，宇宙的構造者和世界的守護者，但也有說他本身是一切人類的始祖上帝比塔廖耶的創造物，或者被認為是火漂浮在宇宙洪水上的宇宙金卵中孵化出來的，甚至還有說他是從毗溼奴肚臍上生出的蓮花中誕生的。

✦ 古印度梵天誕生圖

雖然梵天有時被認為是自我創造的，但當他被視為印度教三神組合之一時，他的角色則成了單一的創造者，他早先的萬有之神的身分通常不是轉移到毗溼奴身上就是轉移到溼婆身上。有鑑於世界已被創造，另外兩位大神守護

者和毀滅者便引起更大的興趣，他們「霸占」了原屬於梵天的光環，諸如梵天的 10 種形狀就被當作毗溼奴的化身。

✦ 大梵天像

從外形上，梵天被描繪成紅皮膚，穿白袍，有四臂，手持《吠陀》和他的權杖，或一把匙子，或一串念珠，或一張弓，或一個水罐。而他最顯著的特徵是他的 4 個頭。梵天的坐騎為一隻鵝。梵天從他的本體上創造出了一個女伴，他愛上了她。這位美麗又不失文雅的姑娘有許多名字：薩塔魯帕、莎維德利、薩拉斯瓦蒂、瓦切、伽耶特利和婆羅賀曼尼。她被梵天的熾熱目光看得局促不安，便走開躲避他的凝視。但無論她躲到他右邊、左邊和背後，他都在每個方向長出一個新的頭。於是她升上天空，但那裡又出現了第五個頭注視著她，梵天與這個既是他的女兒又是他的妻子的女子結合衍生出人類。

✦ 護持神毗溼奴

毗溼奴在吠陀諸神中只是一個很不起眼的神靈，只不過是太陽神下面的一個助手，早上從東方出現，達於天頂，最後在西方落下，《梨俱吠陀》中說他：

丈量出世界，

在他的三個闊大的步伐內，

一切生物都得到居處。

到了吠陀時代的後期，毗溼奴的地位逐漸上升，直到僅次於梵天。他手執法輪、法杖等寶物端坐蓮花座，或臥在七頭巨蛇身上。

毗溼奴寺南面的浮雕，浮雕主要表現毗溼奴側臥的形象。毗溼奴變化多端，不僅有一千個稱號，而且也曾多次以不同的化身來到人間以拯救世界：毫不起眼的小矮人，持斧羅摩，力大無窮的黑天，戰勝魔王奪回妻子的王子，面目慈祥的佛陀，騎白馬的神劍英雄伽爾基……這些形象不同的神明都是毗溼奴的化身。但不管他以何種形象出現，在他身上我們永遠只看到一個主題，那就是守護世界，守護人類。

✦ 毀滅神溼婆

早在印度河流域出土的印章上我們就看到了一位神仙的形象，這位比梵天和毗溼奴的還要早出現的另一位主神就是溼婆神。他可以說是土生土長的印度神之一。

毗溼奴的野豬化身雕像（西元 4 世紀）在《梨俱吠陀》中，溼婆是風神之父，叫作樓陀羅。他通體褐色，頸項鐵

青，頭披毛辮，手持弓箭。樓陀羅住在山中，有善惡兩重性格，用 1,000 種草藥為人獸治病，可他一旦發怒，就會用霹靂傷害人畜草木。

到了後期吠陀時代，溼婆神成為毀滅之神，他多了兩隻手臂，法力也隨之增強。他的額頭上長著一隻神眼，當他要毀滅什麼的時候，這第三隻眼就會發出神火，毀滅之火所碰到的一切都會化為灰燼。

和毗溼奴一樣，溼婆神也有不同的化身，以男性生殖器林伽為形象時，他成為再生之神；以赤身裸體，瘦骨嶙峋的形象出現時，他是苦行之神；以單腳著地的舞姿形象顯示時，他又變成了舞蹈之神。

✦ 閻摩

在婆羅門神話中，人類與死亡的創造者是閻摩。

據說，閻摩和他的孿生妹妹閻蜜是最早的男人和女人。他們是旭日維婆斯婆特和特瓦什特利的女兒娑朗由的孩子，是他們締造了人類。閻摩還是人類的探路者，他是第一個探察那些隱蔽區域的人，發現了那條被稱為「祖先之路」的把死者引導到滅亡的道路。由於發現了這條「死亡之路」，閻摩成了第一個死者，同時，他被尊為死者之王。

　　最初，死者像閻摩一樣不得不沿著這條路走，後來這條「祖先之路」由阿耆尼掌管，因為當死者被焚化時，阿耆尼的火在他們中間區分善與惡。地上遺留的骨灰表示所有的邪惡和缺陷，而死者的皮膚和四肢則完整無損地隨火升天而去。在那裡，淨化的靈魂將與它那被美化的軀體重新結合並受到那些在閻摩的王國裡過著歡樂生活的祖先的歡迎，他們也像神一樣光彩煥發，或生翅或乘車。死後，就是這樣在一個美好的住地度過，盡善盡美。一切欲望在這裡都可以滿足，在神的面前，永恆的時間都消耗在尋歡作樂之中。有時神的住地與祖先的住地即閻摩的王國是有區別的，但是通往兩個天國的道路都被阿耆尼排除了障礙，它們在塵世的人口是祭火和焚化的柴堆。

　　並非所有的死者都能居留在閻摩的天國。作為密多羅的一種形象，以及他與伐樓那的聯絡，閻摩成了死者的判官。達摩，即真理或正義，是伐樓拿的不可測知的法則梨多的演變，閻摩根據它來審判進入他的天國的凡人。以前伐樓那以罪人違反梨多的罪過來約束他們，閻摩則把那些惡人或不信神者消滅或打入稱作布特的某界。在祖先之地，伐樓那與他坐在一棵樹下，幫助他執行審判。閻摩像牧人那樣吹著笛子，與其他眾神共飲蘇摩。當死者走近他

時，他把蘇摩賜給虔誠的信徒飲用，從而使他們不朽。幫助他做這件事的是他的使者——一隻鴿子和一隻貓頭鷹，還有兩條四眼的有斑紋的看門狗。

在後來的時代，據說他的助手是奇特拉、古普塔，還有其他法庭記錄員。梵天——宇宙的創造者凸顯溼婆大神的一面林伽像（西元 5 世紀）閻摩的天國是一片光明的國土，在那裡生活無憂無慮，大自然是美妙的，空中充滿了歡聲笑語和神聖的音樂。閻摩的集會殿是維婆斯婆特用燦爛的金子建造的，金碧輝煌，不亞於太陽的光芒。在那裡，閻摩身為位元利帕蒂（祖先之王）由那些掌管著凡人壽命的侍從們侍奉，仙人和祖先圍繞著禮拜，身穿白衣，佩戴金飾。集會殿裡充滿了悅耳的音響，香煙繚繞，鮮花絢爛。

✦ 天神之敵 —— 阿修羅

阿修羅，本來是天神，包括像吠陀時代的伐樓那那樣的重要人物。這一名稱意即「末羯」。但是由於因陀羅麾下的雅利安天神提婆稱霸，大多數阿修羅被貶為魔鬼。他們被從天國趕入地獄，通常被認為在海底。但他們身分的改變並不保護大神毗溼奴一定意味著力量的喪失，印度神話與眾不同的特徵之一是天神與魔鬼勢均力敵，不斷地在爭奪三界的霸權。在印度教神話中天神並不能總是控制住

天國。

　　天神和阿修羅之間的紛爭在奪取甘露之中進行，最初天神把自己的強壯體魄歸功於他們獨享甘露，而普遍來說世人歸功於人類向他們供奉的祭品。魔鬼一直窺伺機會攫取甘露，但天神已因甘露而強壯，能夠打敗他們。有時天神用計防止他們奪走甘露。對魔鬼來說，特別是在後來的時代，他們修煉苦行。結果可以獲得強大的力量，迫使天神尤其是梵天讓步。許多魔鬼是極其淵博的神學家，善於以這種方式得到恩賜。但天神通常仍能以十足的騙術，以他們自己苦行的力量，或以祕密的祈禱和類似的辦法戰勝他們。雖然魔鬼透過苦行獲得力量，越來越經常地打敗天神，但天神也依靠自己統治宇宙有恃無恐的勇氣同樣經常打敗他們。他們的全部力量只有在每個時代之末面臨毀滅之際才可以釋放出來。

　　阿修羅能隨意變成任何形狀，他們在魔王甘薩率領下攻擊克利希那之際已充分證實了這一點。馬妖凱辛就是其中之一，他也是因陀羅的敵手。當凱辛率領阿修羅軍隊與天神作戰時，他向因陀羅擲去一根大棒，接著又擲去一塊巨石，但是投擲物都被因陀羅用他的神奇的雷杵粉碎，因陀羅避開了攻擊，打垮了阿修羅。

佛教神話

✦ 四大天王

四大天王恐怕是佛教國家裡名氣最大的神將，他們四位在天王殿中享受供奉。

佛教吸取印度古代神話傳說和古印度教中關於「天」的種種說法，提出「三界說」。三界即欲界、色界、無色界，世間一切「有情眾生」皆在三界中「輪迴」不已。三界中欲界為最低一界，人類社會居此界，地獄、餓鬼、畜生居此界，諸天神亦居此界。不過，天神住在此界天上，天有六重，即「六欲天」，第一重叫「四大王天」，離人世最近。這裡就是四大天王的住處。

佛經說，四天王就在著名的須彌山山腰，那裡聳立著一座犍陀羅山，此山有四山峰，稱須彌四寶山，四寶所成，東面黃金，西面白銀，南面琉璃，北面瑪瑙。天王各居一山。四天王的任務是各護一方世界，即佛教所說的須彌山四方的東勝神洲、南贍部洲、西牛賀洲、北俱盧洲，所以四大天王又有「護世四天王」之稱。

東方持國天王，名多羅吒，身白色，穿甲冑，手持琵琶。「多羅吒」是梵文的音譯，意譯「持國」，「持國」的意

思就是慈悲為懷，保護眾生。他是主樂神，故手持琵琶，表示他要用美妙的音樂來使眾生皈依佛教。

南方增長天王，名毗琉璃，身青色，穿甲冑，手握寶劍。「毗琉璃」是梵文的音譯，意譯「增長」。「增長」指能傳令眾生，增長善根，護持佛法。手持寶劍，為的是保護佛法，不受侵犯。

西方廣目天王，名毗留博叉，身白色，穿甲冑，手中纏一龍。「毗留博叉」意譯「廣目」，即能以淨天眼隨時觀察世界，護持人民。他為群龍領袖，故手持一龍（也有一說是赤索），看到有人不信佛教，就用索捉來，迫使其皈依佛教。

北方多聞天王，名毗沙門，身綠色，穿甲冑，右手持寶傘，左手握神鼠，用以制服魔眾，保護人民財富。四大天王中最得意者就是北方多聞天王毗沙門。他是四大天王中的信徒最多的神。他是古印度教的一位天神，又名施財天，在印度古神話中既是北方的守護神，又是財富之神，故在四天王中信徒最多。

✦ 八部眾

八部眾是佛教八部護法天神。包括天眾、龍眾、夜叉、乾闥婆、阿修羅、迦樓羅、緊那羅和摩睺羅伽。

127

　　天眾：天即神，著名的大梵天（原為婆羅門教的創世神）、帝釋天（原為雷雨神兼戰神）、多聞天、持國天、增長天、廣目天、大自在天、吉祥天等等都屬於天眾。

　　龍眾：梵語稱為那迦，是護衛佛法的有功之臣，專司興雲降雨。在佛經裡，龍眾擁有大量的珠寶，是海里的富豪。

　　夜叉：是梵文的音譯，意譯為「能啖鬼」、「捷疾鬼」、「勇健」、「輕捷」等。佛教中，北方毗沙門天王即率領夜叉八大將，護眾生界。在古印度神話中，夜叉是一種半神，有關其來源，說法不一。據《毗溼奴往世書》所述，夜叉與羅剎同時由大梵天的腳掌中生出，雙方通常相互敵對。夜叉與羅剎不同，對人類持友善態度，因而被稱為「真誠者」。其形象多變且反差極大，有時被描述為美貌健壯的青年，有時又被描述為腹部下垂的侏儒。

　　乾闥婆：是香神或樂神。原為婆羅門教崇拜的群神，據稱是侍奉帝釋天而司奏伎樂之神。乾闥婆是佛教中歡樂吉祥的象徵。大多被描述為少女形象，體態豐滿，飄帶飛揚，凌空飄蕩，極為優美。在古印度神話中，他們屬於半神，熟諳並揭示上天的奧祕和聖理，被視為太陽光焰的化身。相傳，他們為天神備製蘇摩酒。乾闥婆在神話中是帝

釋天的樂師，而且與蘇摩極有淵源。

　　阿修羅：這種神道非常特別，男的極醜陋，而女的極美麗。阿修羅王常常率部和帝釋戰鬥，因為阿修羅有美女而無美好食物，帝釋有美食而無美女，互相妒忌搶奪，爭鬥連連，總是打得天翻地覆。我們常稱慘遭轟炸、屍橫遍地的大戰場為「修羅場」，就是由此而來。大戰的結果，阿修羅王經常被打敗，上天入地，無處可逃，於是化身潛入藕的絲孔之中。阿修羅王性子暴躁、固執而善妒。

　　迦樓羅：是一種大鳥，翅有種種莊嚴寶色，頭上有一個大瘤，是如意珠，此鳥鳴聲悲苦，以吃龍為生。它每天要吃一條龍及五百條小龍。直到它臨死前，無法再吃，於是上下翻飛七次，飛到金剛輪山頂上命終。因為它一生以龍（大毒蛇）為食物，體內積蓄毒氣極多，臨死時毒發自焚，肉身燒去後餘下一顆青琉璃色的心。迦樓羅在古印度神話中是大神毗溼奴的坐騎，眾鳥之王。其形象為半人半鳥，生有鷹首、利爪和喙，身軀和四肢則為人形。

　　緊那羅：在梵語中為「人非人」之意。他形狀和人一樣，但頭上生一隻角，所以稱為「人非人」，善於歌舞，是帝釋的樂神。

　　摩睺羅伽：大蟒神，人身而蛇頭。

古印度人的社會生活

手工業和商業

✦ 手工業

在古印度，手工業和商業無論在行會或政府管理下，都表現出經營形式多樣化的特點。手工業者有的住在農村，為村社農民服務；有的住在城市，自銷產品或出售給商人；還有的聚集在一起，形成一些小鎮和村落。迦尸國首都波羅斯附近有一個木工鎮，居住了上千家木匠，其產品遠銷印度各地。摩揭陀王舍城外有一條織工街，生產各類紡織品，織品的聲譽遠近聞名。手工業分工細密，達幾十種之多。生產方式除個體經營外，還有手工業作坊。小的作坊主雇用幾名工匠，大的則雇用數百人。如一位名叫薩達羅普特的陶器作坊主，擁有 500 名陶工和一隻船隊。他的陶器製作精緻，在恆河流域的許多地方出售，很受歡迎。孔雀帝國時期，出現了大規模的官方手工業作坊。

印度河陶器及其紋飾印度河文明的複合動物紋彩陶器（西元前 2550 年）在古印度手工業的技術已達到相當高的水準。佛教文獻也有提到類似於中國傳說中魯班造木製飛鳥之事，這說明當時的木工製造業技術已達到相當高的水準。不僅用糧食釀酒，也用果品釀酒，酒的品種有粳米

酒、大麥酒、梨汁酒、閻浮果酒、甘蔗酒、舍樓伽果酒等十餘種。金銀器皿及象牙、珠寶、天青石等裝飾品工藝精湛，大量出口到西亞和西方。

在古代世界，印度的紡織品也頗負盛名。紡織品質極好，花色多樣，品種繁多。如被單有長絨山羊毛被單、絲被單、多色混合的被單、繡花毛被單、繡以大型圖案的被單；毯子有白毯、一邊和兩邊帶軟毛的地毯、可供 16 人坐在上面的特大地毯。當時佛教僧侶的袈裟布料有亞麻、棉、絲、毛、粗布和大麻布等六類。而富人則身穿更為華麗的綾羅綢緞。作為紡織品之精品絲織物出現較早，已出現了紡織品生產的基地。

✦ 商業

古代印度的商業繁榮。商人或走街串巷，或設店開鋪。大商人往往同時經營多類店鋪。漢譯《十誦律》（卷15）說，一個窮人撿到一批財寶，成為大富翁後，開設了金鋪、銀鋪和珠寶鋪等多家店鋪。着那教的一份文獻說，王舍城有 3600 個商家。這可能有點這誇張，但也反映了王舍城商業繁榮的情況。做生意的商人古印度已有相當完善的商業運作理念和系統，有的大富商透過聯姻或合夥關係建立了自己的商業網。

✦ 統一的度量衡

度量衡的統一與否，直接關係到人們貨物交易中的公平、公正，古印度人也認識到了這一點。在那些眾多的貨物交易中，人們使用了統一的度量衡器。印度河出土的度量衡器，一般公認的是立方體形的砝碼，此外還有被截短的球形量器，它是用瑪瑙或彩色碧石做成。根據對這些量器所作的測定，人們認為印度河城市是採用二進位制和十進位制的計算系統。

孔雀王朝前三位國王的錢幣針對不同量級有不同計算制，例如小的量器擴大兩倍的比為 1：2：4：8……處理大宗物品的量器，它就改成了十進位制，量器擴大十倍的比為 160：200：300：640……

在摩亨佐達羅發現的最大的量器重達近 25 磅。印度河流域幾乎所有的遺址中，都出土過立方體的燧石量器，這說明在遠距離的貿易交往中，人們都有公認的交易標準，並被納入官方龐大而統一的市場管理體系中。

富有特色的家庭和婚姻

　　在古印度，家庭的形式為父系家庭。父親是一家之長，家庭成員包括妻子、孩子以及男系方面未婚的親屬。富裕的家庭笈多王朝時期的金幣，有 1,600 多年歷史。還有僕人和奴隸。在家庭生活中，父親擁有絕對的權力。據古希臘作家阿利斯托布魯斯記載，咀叉始羅城經常有些因貧困而無力嫁出自己女兒的父親，把女兒帶到市場，敞開她們的上身，供人觀看。若哪位男子看中了而且女子的家長也同意，談好條件即可成親。在吠陀時期，父親甚至有權出賣自己的妻子和孩子。在家庭子女中，兒子的地位要高得多，在家庭教育中也更受重視，因為兒子能傳宗接代，這與中國封建思想中的子女觀極為相似。兒子們在宗教上也有特殊的地位，婆羅門教認為，只有兒子才能主持父親的葬禮，只有兒子奉獻的祭品，在天國的祖先和父親才能收到。《愛達羅氏梵書》說，兒子對父親來說是一條「救生船」，女兒帶給父親的則是悲傷。印度家庭中「重男輕女」的現象是十分嚴重的。在日常生活中，兒子與女兒所受的教育是有極大區別的。

✦ 球形的量器

婚姻是家庭生活的重要內容。古印度獨特的種姓制度和濃厚的宗教氛圍，使印度人非常看重婚姻。一個人要透過結婚，才能建立家庭、生育後代，才能實現法、利、欲和解脫。但在嚴格的種姓制度下，婚姻有種種限制，不同種姓者之間不得通婚。儘管後來出現不同種姓者通婚的情況，但低種姓男子娶高種姓女子還是被禁止的。

在婚姻條件選擇上，除種姓外，家庭財富、年齡、容貌、健康狀況、知識等都是要列入考慮範圍的。婚姻關係確定後，一般都要訂立協議。

在古印度有女子出嫁隨帶嫁妝的習俗，這與古印度婦女的社會地位有直接的關係。因為女兒不能繼承財產，所以人們就透過這種「合法」的方式給女兒一部分財產做為嫁妝，並藉以提高女兒在夫家的地位，慢慢這種風俗變成一種習俗，許多家庭因為無力置辦嫁妝或只有較少嫁妝而導致許多社會悲劇。古印度還有童婚的陋俗。童婚的流行，原因有二：一是女兒年幼，好做安排，絕對聽從命令，二是為保女子的貞操，早日嫁出，以絕後患。童婚對無數印度婦女兒童的身心造成了極大的傷害。

日常生活及娛樂

✦ 古印度人愛美之風

據希臘人記載，古代印度人非常愛美，比如印度河上游的卡泰奧伊人就是選擇最美的人當國王。在那裡，嬰兒滿兩個月後要接受公眾裁判，以斷定他是否具有法律所要求的美貌，是否有活下去的價值。如果人們認為他醜陋，法官則判其死刑。這在世界上古往今來大概是絕無僅有的。

✦ 印度河遺址出土的珠寶首飾

古印度有自己的時尚傳統。印度河流域的人民穿棉布做的長至膝蓋的緊身衣，另外用一塊布披在肩上。還有些講究的印度人夏天撐太陽傘，穿時髦的白色皮拖鞋。男人也戴耳環，並把鬍鬚染成各種顏色。貴族婦女頭戴金星，並佩戴鑲有寶石的項鍊和手鐲。恆河流域的貴族女孩穿著用亞麻布或黃色、紅色絲織品做的華麗衣服，並束腰帶，戴有鈴鐺的腳鐲。人們用許多最鮮豔的顏色染鬍鬚，將之染成或雪白，或漆黑，或紅，或紫，或草綠等等。不僅女子化妝，在大城市，一些男子也化妝，他們每日沐浴後，

身體敷上香油，衣服也灑上少許香料。喜愛印度河佩飾的烏爾王妃用藥膏點染他們的眼睛，嘴唇用顏色染紅，再塗上薄薄的一層蠟以免紅顏色消褪。

古印度人的服飾也是各式各樣的。在著名的「牧師—國王」雕像的長袍上，飾有中空的圓形、雙圓和山葉形的精緻圖案，最初填有紅色的顏料。衣服的其餘部分可能用其他顏料作色，但是沒有顏料被保留下來的痕跡。袍子可能是經過刺繡、貼花或者裝飾獸皮加工而成的。從雕像看，該男子穿的長袍很明顯是儀式用裝。

合體的衣服再佩上珠寶和首飾，永遠是古印度女性最流行的打扮。因為，珠寶和首飾既是必不可少的裝飾品，也是財富和地位的象徵。早在 6,000 多年前的印度河流域，就已經出現石頭做的項鍊。西元 1975 年，考古學家費爾色威斯在卡拉奇附近的小鎮阿拉赫迪納出土了大量的珠寶，在一些陶罐裡裝滿了金、銀、銅、瑪瑙和玉髓等原料製成的珠寶和首飾，甚至有被譽為令全世界震驚的五大寶藏。這些用各種昂貴材料製成的珠寶首飾，都是用極其複雜精湛的技藝做成的。

做成婦女們項鍊的材料各式各樣，距今有 4000 多年歷史的印度河時代的胸針，使用藍綠釉陶、綠松石、瑪瑙、

黃金等作為材料，應有盡有，胸針上甚至有棋盤圖案。除了項鍊，手鐲、髮夾、耳環等也都是必要的裝飾品。考古學家在摩亨佐達羅發現的一條距今四千多年的髮帶，非常美觀，兩端還有小孔，有精緻的圖案，這種樣式至今仍然在印度流傳。還有用金屬和石頭、貝殼做的耳環、胸針、手鐲等。

✦ 娛樂活動

我們透過觀察印度河流域出土的哈拉帕文化的各種遺物和遺蹟，了解到了當時先民的基本生活。當然，這些歷史復原也只能說是零星的片段。

喜歡角力、摔跤、騎馬的古印度人（石雕座，白沙瓦博物館藏）。

印度河先民不僅僅會生產建設和貿易，事實上，他們現實的生活要遠比考古發現的復原豐富得多。下棋與賭博是古印度人最常見的娛樂活動。

賭博用的骰子，在外觀上與中國人的麻將骰子很相似。在海港城市羅賽爾曾出土過立方形的骰子，可說與今天常見的麻將骰子如出一轍。由此可見，當時的印度河城市的賭博遊戲，甚至是博彩業可能都相當盛行。

種種跡象顯示，印度古文獻記載的城鎮集會和遊戲活動的雛型是在印度河文明中出現的。在模製書板的圖案中，我們就可以看到人與獸的生死決鬥和人與水牛角力的畫面。到了阿育王時代，由於這種人與獸的決鬥經常引起流血，而被國王頒布詔令禁止，國王稱在這類狂歡集會中，他看到了許多罪惡的現象。

✦ 孩童的玩具

此外，下棋也是在印度河城市中發源的。海港城市羅賽爾因商業貿易的繁榮而吸引了各方來客雲集，商人與市民在閒暇之時不免要尋機排遣難耐的時光，除了賭博，他們還下棋娛樂，羅賽爾曾出土過棋盤的圖案。

古印度人十分喜好歌唱、舞蹈和音樂，但它們更主要的是屬於婦女的活動和消遣。在雅利安人的早期社會中，王宮內廷裡設有遊戲場，場內栽滿鮮花，裝有噴泉，供嬪妃們娛樂欣賞，但她們更樂意到王宮的跳舞廳釋放自己青春的活力。古印度人對歌舞音樂的痴迷，從他們對歌舞音樂的崇拜，並加以神聖化可見一斑。

在古印度眾多休閒娛樂活動中，也有不少體育健身的內容。為了保持體態，古印度人從事各種體育活動。在這些鍛鍊身體的方法中，他們最喜歡按摩。對孩子們而言，

他們也有自己的遊戲方式，口哨就是他們最喜愛的玩具
之一。

古印度文化

古印度宗教文化

　　古印度人重視人類精神的價值取向，崇尚簡樸的生活方式以及對大自然的親近和熱愛，這構成了印度人所理解的今生與來世的獨特的世界觀。為了祈福和實現人生的美好境界，古印度在原始宗教的基礎上，發展成了三大宗教：佛教、耆那教和印度教，形成了獨特的宗教文化，並因此影響到古印度人的社會生活的方方面面。

✦ 對菩提樹和生殖女神的崇拜

　　宗教起源於對自然和世界的敬畏。在古印度，最早的信仰就是對自然的圖騰崇拜。而對植物和生殖女神的崇拜在古印度人的精神生活中是一個非常重要內容。

　　在植物中，菩提樹占據了極為重要的地位。菩提樹成為印度宗教信仰中最聖潔的象徵，在菩提樹下組織祭祀活動幾乎成為印度宗教活動的慣例。為什麼菩提樹獲得印度人如此高的敬仰和崇拜呢？據學者分析，可能有這兩個方面的原因：一是在古印度人看來，樹是人類生命的泉源，因為樹木是能夠給人類提供避難和吸取營養的場所，是為動物提供自然生長的地方，而動物又給人們帶來豐富的食物，因此樹不愧得此殊榮；二是菩提樹生命旺盛，常把根

盤到舊建築、大石塊下，或盤在另一種樹的樹幹上後漸漸吞噬大石塊或大樹，以此讓最初的幼苗紮根成長。古印度人觀察到這一現象，特別敬畏菩提樹旺盛的生命力量。如此一來菩提樹便經常出現在印度神話中，成為豐收、保護和死亡的象徵物。

早期印度人還將生殖崇拜作為信仰的重要內容。祈求豐產、繁榮是人類的共同願望，而生殖崇拜也就成了人類信仰的一個重要內容。古印度人的生殖崇拜，主要表現為對生殖女神和母親女神的崇拜。所以當我們走進古印度文化藝術的殿堂，我們可以看到許多生殖女神和母親女神雕像，這些雕像都有突出的乳房和臀部，突出反映了古印度人的生殖信仰。

✦ 程序化的宗教儀式

早期的婆羅門教雖不設廟宇、不設偶像，但卻發展了一套從私人日常生活到國家大事的非常繁瑣的祭神禮儀。由於這些儀式被認為直接關係到個人和國家的禍福，所以主持這些儀式的婆羅門僧侶的作用就被看得極為重要，成了宗教知識的壟斷者和古印度人精神生活的導師。

古印度最為重要的宗教儀式，從整體上分為家庭祭和天啟祭兩大類。

　　家庭祭在家中進行，和一個人的成長密切聯絡，大致上有 12 種儀式，分別是：(1) 受胎。一般在婦女懷孕後進行。(2) 成男。祈求胎兒為男性。(3) 分髮。婦女懷孕三四個月後，將頭髮分開，祈求母親和胎兒安泰。(4) 出生。嬰兒出生後，祈求滌除胎前的不淨，祝禱將來健康。(5) 命名。(6) 出遊。走出家門接受神靈的祝福。(7) 哺養。(8) 結髮。剃髮前頭髮不得受到任何損傷。(9) 剃髮。(10) 入法。從師學習吠陀，接受宗教訓練。(11) 歸家。學成歸俗。(12) 結婚。完成人生最大義務。除此之外，還有新月祭、祖先祭、葬儀等。

　　天啟祭又稱火祭，是公共祭祀活動，參加者有國王、大臣和一些高階種姓人員。主持儀式的祭司講究也非常嚴格，勸請僧、行祭僧、祈禱僧等為主祭，輔助人員分別負責宣詞、贊酒、引導、點聖火、拂穢等工作。天啟祭又分供養祭和蘇摩祭兩類。供養祭是用動物供奉諸神祭和祖靈祭，蘇摩祭則以蘇摩酒奉獻於神或祖先。「蘇摩」，在古印度是一種被神化了的植物蔓草，它生長在高山上，特別是在喜馬拉雅山的穆賈瓦特峰上。用其莖幹中的黃色乳液製成的飲料，有醉人的功能，早在梨俱吠陀時代蘇摩酒就開始流行，久而久之就成為蘇摩酒神，蘇摩酒也就成了印度

天界神衹專用的長春酒或不死之藥 ——「甘露」。

　　祭司們在從事祭祀活動中，是要收取酬金的，婆羅門教義印度河文明的女神塑像端坐的祭司人像（有所殘缺，西元前 3000 年）規定了每一件祭祀活動所需的具體報酬。用現代人的理解就應是勞動所得，明碼標價，雖然它是宗教的，但也擺脫不了經濟規律的制約。另外，如果獻祭者對聘請的祭司所付的報酬不恰當，祭司可按規定暗中給予獻祭者不同程度的傷害；如果得不到報酬，情況就會更為嚴重，這時祭司就拒絕唸咒。而且，祭司的所得必須在祭祀活動開始之前。每一種姓的人舉行祭祀都要有祭司的某種幫助，因而，從事祭祀活動的人成為一種專門職業和特殊階級，獨特的宗教信仰和複雜的禮儀程序就成了婆羅門祭司賴以存在的社會基礎。

✦ 喪葬習俗

　　古印度存在一種非常罕見的習俗，當人們認為自己要死時，如年老病重，甚至在一切如意但為了怕將來的不幸時，他們都會自焚，以求早登極樂。人們把死當做一件幸福的事，認為「死只不過是從一個不愉快的夥伴即身體的糾纏之下得到了解脫」。有這樣一段故事說，亞歷山大離開印度時，勸說印度的智者卡蘭那斯去波斯。卡蘭那斯到了

波斯但卻因不適應那裡的生活而一天天消瘦下來,但他堅決拒絕治療,最後他下定決心要自焚,任憑亞歷山大如何勸說都無濟於事。於是,亞歷山大隻好按卡蘭那斯的要求準備火堆,並安排子一個儀仗隊。自焚那天,卡蘭那斯頭戴印度式花環,在萬人注目下從容地登上柴堆。當柴堆點火時,按照事先的安排,喇叭吹響,軍人吶喊,以向死者致敬。

✦ 有祭禮影象的印章

在古印度文明中,還存在另一種較為文明的喪葬習俗 —— 土葬。在哈拉帕古城發掘時,發現了個人墓葬和家族墓葬。這些墓葬為我們研究古印度人的宗教信仰提供了最直接的證據。

根據考古發掘,個人墓葬的往往是較為上層的人物,棺材也很講究,是用當地珍貴的青龍木和雪松製成。而普通老百姓則一般葬於公墓。古印度人相信,人死後到了另一個世界,墓地就是死者另一種生活的地方。幾乎在所有墓葬中都有隨葬品,根據生前地位的高低,決定隨葬品的多少。在隨葬品中,有天青石、玉髓或銅珠等裝飾品。

在哈拉帕文明時期,墓的形狀通常是長方形的,挖得比較深。在出土的男性隨葬品中,有日常用的各種陶器,

估計當時裡面盛滿了水和酒，準備給死者享用；而女性隨葬品中，則少不了首飾、鏡子等美容用品。

在哈拉帕文明衰落後的幾千年中，這種習俗仍在延續。西元 1978 年，烏茲別克考古學家維克多‧薩裡爾尼第在阿富汗的泰裡爾‧泰普發現了七座墓葬。經過考證，年代為西元 1 世紀左右，當時這裡由印度的貴霜王朝所統治。每座墓中都有一口無蓋的木棺、一具骷髏和大量的金匾、珠寶及其他隨葬品。在一個女性墓中還發現一頂可摺疊的王冠，由此推斷，此墓的主人地位很高，可能是王妃之類的人物。

沙門思潮

沙門，意為勤息、息心、淨志，是對非婆羅門教的宗教教派和思想流派的總稱。沙門思潮興起於列國時代，是與婆羅門教相對立的思想流派，其哲學思想為印度哲學的重要內容。

沙門思潮的興起是有深刻原因的。從宗教方面來說，古代印度長期流行的婆羅門教，在宗教領域占重要地位。

但婆羅門教本身有很大的局限性。它沒有嚴密的組織系統，而且隨著社會的發展，其教義也越來越不為人們所信服。婆羅門教宣揚「吠陀」天啟，可是「吠陀」對社會歷史現象的解釋並不能使人們滿意。它鼓吹祭祀萬能，要求人們履行名目繁多的祭儀，但人們在履行了這些祭儀之後，並未獲得預期所要的效果，結果是祭祀撈取了大量的錢財，而人民的經濟負擔則越來越沉重。

婆羅門教強調婆羅門地位至高無上，與列國時代政治經濟的發展也不相適應。在列國時代，王權在戰爭中不斷加強，國王成為強大的統治者。文獻中經常提到國王擁有很大的權力。如《佛本生經》（卷6）說，國王「掌握了大國，百戰百勝，提率大軍，征服四方，是大地唯一的主人。您的榮譽至高無上」。然而國王居於剎帝利種姓，居婆羅門種姓之下。他們對自己屈居於婆羅門下的地位當然是不滿意的。另一方面，屬於吠舍種姓的商人，不少人透過經商、放高利貸而致富，擁有大量的財富。他們對婆羅門的特權地位也表示出強烈的不滿，力圖提高自己的社會地位。他們聲稱財富是決定社會地位的最重要的因素。所以，沙門思潮諸振興起後，都不同程度地得到國王和大商人的支援。

沙門思潮的興起不僅反映了社會政治經濟的發展變

化，也反映了雅利安文化與土著文化的衝突與進一步的融合。沙門思潮是代表新興的社會力量向保守、腐朽的婆羅門精神貴族和他們的壟斷的婆羅門教發起的一次總攻擊。沙門思潮動搖了吠陀的權威，打破了婆羅門教一統天下的局面，由此在低階種姓和下層群眾中得到廣泛的傳播。沙門思潮的興起，尤其是佛教和耆那教的迅速傳播，對婆羅門教造成極大的衝擊和影響，使它在以後幾個世紀中處於衰敗不振的狀態，最後被迫走上了改革之路。

印度的節日

印度的節日算得上是名目繁多，有的是宗教性的，有的是紀念名人的，有的是慶祝國家的重大事件。由於印度是多宗教的國家，每個教一年都要過幾個節，所以顯得節日特別多。

印度的節日分兩大類，第一類叫「政府節假」，這是全國各政府機關都放假的節日；第二類叫「區域性節假」，指的政府機關人員中不同宗教信仰的人在不同地區分別享受的節假。

「政府節假」有 15 個：

1 月 26 日，共和日，即國慶。

3 月 29 日，霍利節，即灑紅節，印度教節日。

4 月 1 日，耶穌受難節。

4 月 25 日，大雄誕辰節，耆那教節日。

5 月 26 日，佛陀誕辰節，佛教節日。

7 月 12 日，開齋節，伊斯蘭教節日。

8 月 15 日，獨立日。

8 月 31 日，克里希那誕辰節，印度教節日。

9 月 18 日，古爾邦節，伊斯蘭教節日。

10 月 2 日，聖雄甘地誕辰。

10 月 14 日，十勝節，印度教節日。

10 月 17 日，穆乎蘭節，紀念穆罕默德的孫子。

11 月 4 日，燈節，印度教節日。

11 月 20 日，納那克祖師誕辰節，錫克教節日。

12 月 25 日，聖誕節，基督教節日。

從上面這些節日可以看出，印度節日絕大部分是宗教性的，這對於一個多宗教的國家來說，不足為奇。

　　「區域性節假」，也有 24 個之多。它們是不同宗教或同宗教在不同地區過的節，比如 2 月 11 日是溼婆節，4 月 21 日是羅摩誕辰節，9 月 10 日是禮拜溼婆的兒子象頭神迦內希的節，10 月 21 日是紀念《羅摩衍那》的作者蟻垤的節……至於伊斯蘭教、佛教、耆那教、襖教等等的節日還有很多。下面介紹兩個歷史比較久遠、影響也較為重大的節日。

✦ 霍利節

　　一個國家的古代文明，包括宗教、習俗、藝術、文學以及歌舞，往往在傳統節日中存在得最久遠、最生動、最具有群眾基礎。印度的霍利節就正好說明了這一點。

　　每年二、三月間，印度全國都要歡慶「霍利」節，又稱「灑紅節」。到了這一天，不分男女老少，都要互潑紅水，彼此在臉上抹「朱那爾」（一種紅粉），互致祝賀，以示吉祥。

　　灑紅節在印曆十二月月圓之夜降臨。關於這個舉國同慶的節日，流傳著種種傳說。最流行的一種說法是這樣的：魔王希蘭亞卡西普妄自尊大，要臣民奉他為神明，頂禮膜拜。可是他的小兒子帕拉拉德執意不從，依然對大神毗溼奴一片虔誠。魔王威逼再三，兒子矢志不移。魔王便想盡

辦法要殺害他，他都一一躲避了過去。最後魔王派自己的妹妹霍利卡去處死他。霍利卡懂得咒符，不怕火燒。她下令堆起一大堆木柴，叫帕拉拉德同她一起坐在木堆上，點火焚燒。可出人意料的是：不怕火的霍利卡被燒成了灰燼，而帕拉拉德由於得到毗濕奴的保佑反而安然無恙。當他從火堆裡走出來時，大家向他身上潑水，並在水中摻進紅色以示喜慶。印度老百姓認為霍利卡的結局象徵著善的勝利、惡的潰敗。於是這個節日也就稱為「霍利」節，年年歡度，流傳至今。

以上只是一種反映人民願望的傳說，但印度歷史上真有一段有關灑紅節的史實：帕坦人向拉其普特人的一個王國進攻，拉其普特人損兵折將，國土淪喪，危在旦夕。在這生死存亡的關頭，灑紅節快到了。拉其普特人王后羅帕瑪蒂心生一計，用甜言蜜語向帕坦大王寫了一封信：「希望你們對廝殺的渴望已經消退。眼下春天將逝，請帶上你的勇士們，來同拉其普特的婦女共度灑紅節吧！」被勝利沖昏了頭腦的帕坦人並不知是計，竟興沖沖地來赴會了。正當帕坦人狂歡的時候，裝扮成婦女的拉其普特武士從面紗下抽出刀來，開始了一場血洗。染紅帕坦人面頰的不是「朱那爾」，而是他們自己的鮮血。

然而，現實中的灑紅節並不是史實中所反映的那樣血腥，相反，灑紅節是一個令人歡娛、多彩的節日。清晨，人們見面，不管認識不認識，不管老人還是孩子，劈頭蓋腦地互相澆潑紅水，抹紅的、綠的、黃的粉，一個個都成了大花臉。親戚朋友間還互相在額上點上吉祥點。孩子們則玩得更加盡興，他們拿著水槍互相對射。如果你在街上行走，肯定也是他們的「獵物」，紅臉關公的小朋友們會弄得你紅透溼遍。即使在大眾交通運輸工具上，青年們也會澆來一桶桶「瓊漿玉液」，給你來個節日的洗禮。入夜，人們燃起篝火，載歌載舞，深夜不散，興盡方歸。

✦ 十勝節

每年九、十月份，印度總有接連十個晚上熱鬧非凡，深夜歌舞鼓樂之聲仍不絕於耳。這就是印度教徒正在歡慶的「十勝節」。「十勝節」的來歷，出自印度兩大史詩之一的《羅摩衍那》。

《羅摩衍那》歌頌的是羅摩的故事。羅摩是十車王的大兒子，品德高尚，武藝超群，十車王準備立他為王儲。十車王的一個小王后受駝背侍女的諂言，一定要國王立她的兒子為太子。因為國王以前受難時得到過她的幫助，還允諾過無論她提出兩個什麼樣的要求，他都會答應。現在小

王后提出了要求，國王非常為難，但君無戲言，只好答應了小王后的要求。羅摩知道實情後不但不懷恨，反而勸慰父王，表示自己甘願到森林中去流放 14 年。他賢惠的妻子悉多自願同往，同甘共苦。不料，到森林後，悉多被十首魔王羅波那劫走。後來羅摩在神猴哈努曼的幫助下打敗了十首魔王，救出悉多。這時 14 年已滿，他們返回京城，並繼承了王位。

「十勝節」就是歡慶羅摩勝利的節日，一共要慶祝十天。前九天到處搭臺演戲，印度人稱之為「羅摩里拉」。從羅摩出生演起，一直演到羅摩取得勝利為止。演戲前有的地方還用牛車和象車載著演員遊行，前有樂隊開路，後有善男信女簇擁，孩子們扮著戲裡的猴兵猴將活蹦亂跳，滿街一片歡騰。最後一天是焚燒羅波那的紙人，象徵羅摩的徹底勝利。

印度人之所以這麼喜歡「十勝節」，主要有兩方面的原因：首先是宗教上的原因，因為根據印度教的說法，羅摩是大神毗溼奴的化身，毗溼奴乃保護之神，可以保佑國泰民安；另一個原因是，印度人民嚮往幸福的未來，他們從羅摩的經歷中得到慰藉：善的總要戰勝惡的，好人終有好報。

神奇的瑜伽

　　有人說，印度的歷史有多長，瑜伽的歷史就有多長，修煉瑜伽始於印度河流域文明時代，距今大約 5,000 年左右。從哈拉帕和摩亨佐達羅出土的印章中，就可以看到那時苦行僧修煉瑜伽的形象，他們的坐姿與現代修煉者的坐姿一模一樣。

　　古代印度的瑜伽主要是一種宗教性的活動，是婆羅門教（後來的印度教）、佛教和耆那教徒為求得解脫而刻苦修煉的一種方法。瑜伽的原意是「結合」、「和諧」、「一致」的意思。修煉瑜伽，按印度教的說法，就是要使塵世的「人」同天上的最高的神「梵天」合二為一。修煉者必須在僻靜的地方坐下，雙腿交疊在一起，成「蓮花坐姿」，平心靜氣，沉思默想，以達到自我同天神合一的境界。一旦達到此等境界，便進入了理想境界，人便可以獲得解脫。

　　關於瑜伽的一本最古老、最有權威的著作叫《瑜伽經》，它是一位名叫波顛利的人寫的。人們一般認為《瑜伽經》成書於西元 5 世紀。但這不等於說，瑜伽是從那個時候開始的，瑜伽的歷史要早得多。在遠古的時候，印度沒有書寫工具，一切經典都靠口授心傳。為了易記易誦，句

子都很短，且往往有韻律，這就是為什麼印度古代詩歌發達的原因。到了西元 5 世紀的時候，已經具備了把口傳的東西整理成文的條件，波顛利便成了總結幾千年遺產的功臣之一。

《瑜伽經》共分 4 章，包含 194 經，內容十分龐雜，充滿神祕的色彩。最基本的修煉方法和手段有 8 種，也就是八瑜伽支：(1) 禁制（克制）；(2) 遵行（限制）；(3) 坐法（坐姿）；(4) 調息（控制呼吸）；(5) 制感（制止感覺）；(6) 執持（專注）；(7) 禪定（靜慮）；(8) 等持（三摩地境界）。

《瑜伽經) 問世後的一千多年來，瑜伽在印度經久不衰，逐漸形成了不同的流派，最主要的有 5 種：格爾瑪（業）瑜伽、傑恩（知識）瑜伽、赫脫（手）瑜伽、拉傑瑜伽和帕格蒂（虔誠）瑜伽。其中有的注重日常的善行，有的注重經典的研習，有的偏重於哲理的悟徹。

古印度人修煉瑜伽，主要是受他們信仰的宗教思想的支配。印度教、佛教和耆那教的輪迴轉世的思想，沉重地壓在信徒身上。與它緊緊相連的是「業」的概念，這輩子的一切言行及思想活動，都一筆筆地記在「業」賬上，並形成了下輩子是禍是福的「因」。「業」績好的，下世就投在富貴之家，享受榮華；「業」績不好的，下世就投在低賤之

家，甚至變牛變馬，受苦終生。這顯然是漠視今生，把希望寄託於渺茫的來世的虛無縹緲的人生觀。

為了來世的幸福，信徒們當然誠惶誠恐，積善積德，希冀美好的未來。但是，這還不算是最終的解脫。如果能跳出輪迴，不要投胎凡世，而是進入天堂，那就可以永遠擺脫人間的無邊苦海，永居極樂世界了。據說瑜伽就是追求徹底解脫的一條「道」。

隨著時間的推移，神奇的瑜伽並未成為歷史，而是昂首挺進了現代人的生活中。現代印度的瑜伽已經傳遍世界，是世界上公認的最古老、有實效的亞洲式健身美體修煉術。練習瑜伽，不僅可以消除緊張，緩解壓力，使人的精神與身體進入純淨的境界，更能有效完美體形體態。不少國家和地區的練功者，都將練習瑜伽作為修身養性的重要方法。

古印度宗教文學

在四大文明古國中，古印度文明有一處明顯不同於其他文明：古印度人注重歷史和文學的口耳相傳，而非文字

記載；現存的作品既是重要的宗教文獻，更是不朽的文學
作品。古代印度文學內容豐富，形式多樣，有宗教文學、
世俗長篇史詩、戲劇等等。文學表現手法達到了相當高的
水準。從古老的《吠陀本集》、最長的歷史傳說《摩訶婆羅
多》到英雄史詩《羅摩衍那》，在世界文學史上光彩奪目。
這些文學鉅著以一種詩歌形式的韻律格式出現，朗朗上
口，易於記憶和傳誦，至今仍在印度廣為流傳。

✦ 吠陀文學

　　吠陀文學是印度最早的文學，屬宗教文學，其代表性
作品是婆羅門教《吠陀本集》的《梨俱吠陀》和《阿闥婆吠
陀》。

　　《梨俱吠陀》古印度宗教經典《吠陀本集》的四部作品
之一，是印度最古老的經典，也是現存世界上最古老的詩
歌集之一。成書時間大致在西元前1500年到前1200年間，
它比希臘的荷馬史詩還早了幾百年。

　　《梨俱吠陀》是一部集體之作，共收錄不同時期不同作
者的頌歌或神曲1,028首，分為10卷。作者都是世襲的婆
羅門祭司，在西元7世紀前，古印度還沒有文字記事，10
卷神曲完全靠祭司們的記憶和口授，一代一代口耳相傳，
到後世才記載下來。

　　《梨俱吠陀》所反映的是雅利安人征服自然、征服異族，以及關於他們的社會生活和思想形態的真實歷史。雅利安人是一個游牧部族，在征服印度前後處在氏族公社向奴隸制過渡時期。當時，不可抗拒的自然現象使他們感到自己的渺小，於是將自然現象人格化，並向它們頂禮膜拜，渴望得到它們的賜福。主持這種膜拜的祭司們將宇宙分為三界：天界、空界和地界，每一界有 11 個神，三界共 33 個神。在《梨俱吠陀》中，作者為這些神仙們寫下了許多讚美詩。在諸神中，因陀羅、阿耆尼和蘇摩三位神的地位最高，歌頌他們的篇幅也最多。

　　因陀羅是戰神、雷神，雅利安人把他奉為最高神。《梨俱吠陀》中約 250 首詩是頌揚他的，占詩篇總數的 1/4。在詩中，因陀羅被描繪為身材高大，皮膚和鬚髮為金色。他手持金鋼杵，行走時發出雷鳴般的聲音，激起的狂風震撼天地，具有無比的威力。他固定搖晃的大地，穩住顛簸的群山，伸出巨手拓寬天空。他驅逐達薩，殺死河中的巨妖，用無比的神威保護雅利安人的利益。

　　阿耆尼的地位僅次於因陀羅，讚頌它的詩也有 200 餘首。阿耆尼是祭火人格化的神，他鬚髮鮮紅，尖下巴，滿口金牙閃閃發光，口中噴出的火焰像咆哮的波濤，濃煙滾

滾直衝天空，聲音像天國的雷鳴。在雅利安人心目中，阿耆尼是維護他們家庭利益的神。詩中說，他請諸神來到雅利安人的家中，消滅雅利安人的敵人，帶給他們無窮的財富，使他們的家族英雄輩出，聲名遠揚。

蘇摩是酒神，是一種名叫蘇摩的植物人格化的神。這種植物具有使人興奮的作用。在讚美他的詩中說，發出香味的蘇摩，能醫治百病，不僅凡人而且天上的諸神也飲用它來強身健體。雅利安人飲用蘇摩酒後，精力充沛，在戰場上所向披靡。詩中的蘇摩神往往以武士的形象出現，手持彎弓，射殺敵人。

除歌頌神靈外，《梨俱吠陀》也有一些讚美大自然景色的詩句，它們往往也被賦予人性化的特點。在詩中，太陽被比喻為在天空中賓士的白馬、公牛。它用火焰般的光亮照亮天地，驅散黑暗，迫使繁星像竊賊一樣地逃散。還有一些詩句反映了社會勞動的情況，如說農民「繫緊犁頭架上軛，播撒種子在犁溝，倘若頌歌獲應驗，揮動鐮刀迎豐收」，具體地再現了古印度人民勞作的全過程。

《梨俱吠陀》讚頌諸神和大自然的景色時，多來用比喻和誇張的藝術手法，並直率地表達了作者驚奇、讚嘆、敬畏的心情，反映出作者對自然界和社會現象已有一定的審

美眼光和描繪能力。

《梨從吠陀》中還包含有婚禮、送葬、娛樂、愛情、巫術等方面的內容，反映了雅利安人社會生活的方方面面，記錄了古印度最早的社會制度、民情風俗、哲學思維和天文地理。因此，它可以說是古印度最早的百科全書。

《阿闥婆吠陀》與《阿闥婆吠陀》是一部巫術咒語詩集，分 20 卷，731 首詩，5,975 節，成書的時間晚於《犁俱吠陀》。與《梨俱吠陀》不同，《阿闥婆吠陀》對諸神的態度不是讚頌、乞求，而是命令和勸說，這在一定程度上反映了雅利安人企圖征服自然的願望。《阿闥婆吠陀》的巫術詩包括防病治病、求得長生、生育子女、求取豐產和戰爭勝利等諸多方面的內容。

《阿闥婆吠陀》中關於防病治病的詩篇，一般都是要疾病遠離病者身軀的咒語。如一首詛咒說，咳嗽「像磨尖了的箭，迅速飛向遠方。咳嗽啊，遠遠飛去吧，在這廣闊的地面上」。而與生育子女有關的詩篇，則帶有美好的祝願之意，如「像大地孕育一切萌芽，願你的胎兒保住，妊娠期滿後生下！像大地維持森林樹木，願你的胎兒保住，妊娠期滿後生下！像大地維持著崇山峻嶺，願你的胎兒保住，妊娠期滿後生下」。求取豐產的咒語多與自然現象相關，一

首咒語說：「咆哮吧，雷電，讓大海翻騰！雨雲啊，降下乳水，滋潤大地！請你傾瀉，送來充足的雨水……百條、千條溪流的泉源，取之不盡，我們這千壠地，也這樣取之不盡！」

咒語也用於軍事，一首要戰鼓發揮作用的咒語說：「森林中的野獸，看到人就發抖；鼓啊，要使敵人心恐慌，使他們的心沒主張，像飛鳥見老鷹就發抖，像獅子晝夜都怒吼。鼓啊！要使敵人心恐慌，使他們心沒主張。」這類咒語對鼓舞戰士的士氣，無疑能發揮很大的效果。

《阿闥婆吠陀》頌神的詩，是與巫術結合在一起的，所以神的作用一般不在於對自然和人類社會的控制，而是幫助人類降伏妖魔或敵人。

在藝術特點上，《阿闥婆吠陀》採用誇張、比喻等手法，詞語鏗鏘有力。這兩者的結合，形成了巫術詩歌特有的魅力。

✦ 兩大史詩

印度的兩大史詩《摩訶婆羅多》和《羅摩衍那》是聞名於世的文學作品。這兩首史詩內容龐大，情節生動複雜，藝術手法高超，在印度文學史上有著十分重要的地位。這

兩部史詩的篇幅之長,在其他民族的史詩中是非常罕見的。兩大史詩成書以後,對印度社會產生了巨大的影響,也成了印度教教義的核心。

✦《摩訶婆羅多》

《摩訶婆羅多》共 18 篇,長 10 萬頌(每頌兩行詩,每行 16 音),成書時間約在西元前 4 世紀至西元 2 世紀之間。《摩訶婆羅多》書名意為「偉大的婆羅族的故事」,主線故事講婆羅多族兩大後裔俱盧族和般度族爭奪王位繼承權的鬥爭,內容涉及列國時代政治、經濟和文化等諸多方面的內容,被視為一部「百科全書」式的史詩,一位印度學者甚至把它稱為「亞洲到現在為止所產生的最偉大的想像作品」。

《摩訶婆羅多》的作者,據詩中自敘是毗耶婆。他是漁家女貞信嫁給象城福身王之前的私生子。貞信與福身王結婚後,生有一兒名叫奇武。但奇武婚後不久便死去,沒有子嗣。於是貞信便找來在森林中修行的毗耶婆,讓他與奇武的遺孀結合,生下持國、般度和維杜羅三個兒子後,毗耶婆仍回到森林隱居。持國後來生有百子(俱盧族),般度生了五子(般度族)。持國百子與般度五子之間因王位之爭而引發一場爭鬥,毗耶婆目睹了鬥爭的全過程,於是創作了史詩《摩訶婆羅多》。

《摩訶婆羅多》是一部集歷史、傳說與神話故事為一體的巨型史詩，通篇貫穿著愛情與戰爭的主題，講述了上千個傳奇故事。除了與核心情節有關的許多動人故事外，書中還插入了大約 200 個相對獨立的神話傳說、民間故事、譬喻故事以及寓言童話，這些故事像鑲嵌在史詩中顆顆明珠，異彩紛呈。全書的主線故事表現出作者頌揚正義、抨擊邪惡勢力的思想。全書雖然情節複雜，但基本上都是圍繞這兩方面來寫的，表現出作者描寫居樓王和般度王的鏖戰《摩訶婆羅書》時較高的藝術表現手法。全書包羅永珍而又結構完整，內容龐雜而又形式統一，頭緒紛繁而又貫穿了一條主線。從文字藝術的價值看，作品語言質樸而又表現鮮明，說理簡單而又寓意深刻，既有奇特的想像，又有誇張而逼真描寫。總之，史詩所表現出的古印度人非凡的想像力和對文學鉅著的架構能力令人嘆為觀止。

在印度文學史上，《摩訶婆羅多》享有很高地位，被印度人奉為聖典，占據了僅決於「吠陀本集」的地位，甚至被稱為「第五吠陀」。它所展現的是一幅遠古印度社會生活的廣闊畫面，內容廣泛涉及宗教、哲學、歷史、政治、倫理、地理、天文、傳說、神話、民族、語言、文學等印度學的所有領域。生動的故事內容，扣人心弦的情節，廣闊

的社會畫面，為後世詩人和劇作家提供了豐富的素材，極大地激發了他們的創作熱情。

✦《羅摩衍那》

《羅摩衍那》書名意為「羅摩傳」。全書內容以阿陀城王子羅摩與妻子悉多悲歡離合的故事為主線，反映了列國時代錯綜複雜的鬥爭。《羅摩衍那》共 7 篇，長 24,000 頌。史詩的中心思想是頌揚善和正義。史詩中的羅摩智勇雙全，聖明神武，是一位賢明君主，是印度人自古崇拜的英雄和膜拜的神明。

《羅摩衍那》的主線故事情節生動，扣人心弦的場面迭出。在編纂體例、文學描寫手法上，較之《摩訶婆羅多》都有大的提高，因此被譽為「最初的詩」，同時也表現出古代印度文學創作有了很大的發展。

《羅摩衍那》對後世印度文學與世界文學的影響都是相當深遠的。它的創作方法與素材，常被後世的作品沿用。

✦ 佛教文學

佛教文學是古代印度文學的重要內容之一，但佛教文學並不是純文學作品，而是指佛教典籍中所包含的具有文學特點的傳說、故事和寓言等方面的內容。佛教文學作品

多採詩文並用的文體,一般保存在佛典的經藏與律藏中。佛教的典籍有巴利語和梵語經典兩大類,因此佛教文學也分為巴利語佛教文學和梵語佛教文學兩大部分。巴利語佛教文學的代表作是《佛本生故事》,梵語佛教文學的代表作品「佛陀生平傳記集」。

✦《佛本生故事》

《佛本生故事》,是一部宗教寓言故事集。它是人類社會最古老的寓言故事集之一,在世界文學史上具有舉足輕重的地位,享有很高的聲譽。它講述的是有關佛陀赤陶匾上刻著史詩《羅摩衍那》的兩位英雄弓箭手 —— 羅摩和他的兄弟前生的故事。按佛教傳說,釋迦牟尼成佛前,只是一個菩薩,他積善累德,經歷無數次的轉生後,才成為佛。因此,有很多佛本生的故事在民間傳頌。

《佛本生故事》收集了 547 個故事,這些故事的結構基本相同,分五部分:今生故事,講佛陀前生之事發生的地點和緣由;前生故事,講佛陀前生的事;偈頌,插在故事中的唱詩;註釋,解釋偈頌的詞義;對應,把前生與今生故事的人物作對應的聯絡。這部故事集的巴利文原本已亡佚。約西元 5 世紀時,斯里蘭卡一位和尚據古僧加羅文《佛本生故事》的註釋本,用巴利文改寫成《佛本生義釋》,

即為現在流行的《佛本生故事》。佛本生故事大致可分為七類：寓言故事、神話故事、報恩故事、魔法故事、笑話故事、道德故事與世俗故事。

《佛本生故事》雖然講的是佛陀的故事，但其內容十分廣泛，涉及到政治、經濟和文化諸多方面的內容。《佛本生故事》也反映了佛教徒對純樸世風的讚美和對醜惡社會現象的鞭韃。

《佛本生故事》流傳很廣，對世界上許多國家的文學都產生過深遠的影響。《佛本生故事》還是佛教藝術的重要題材，印度的佛教建築如桑奇大佛塔、阿旃陀石窟等的繪畫和雕刻，就有很多表現了佛本生的故事。對於歷史資料匱乏的印度，這些故事提供了有關政治、經濟、文化、民俗等方面的豐富資訊。《佛本生故事》中的許多寓言故事，隨佛教一道大量傳入中國，對中國的古代寓言、故事、小說等文體的發展產生過相當大的影響。這部人類最古老的詩文並用、韻散相濟的寓言故事集，不僅在印度文學史上，也在世界文學史上占有重要地位。

《佛陀生平傳記集》關於佛陀的生平，巴利文佛典已有不少記載。佛陀從人轉變為神，是佛教發展的一個重要階段。對此早期梵文文學的《大事》和《神通遊戲》等作品，

對這一轉變有清楚的反映。

《大事》是小乘佛教大眾部出世派用混合梵語寫的，主要部分約寫定於西元前 2 世紀。《大事》把佛陀的生平分為三個階段來描寫：第一階段寫佛陀前世作為菩薩在燃燈佛和其他過去佛時期的生活；第二階段寫他從菩薩轉生為兜率天，然後再轉生為釋迦族的王子，以及出家成佛的經過；第三階段寫他初轉法輪，建立僧團等事。

《大事》對佛陀進行了神化的描述，說他具有神奇的法力，雙手能觸控太陽；佛陀站立在眾神所持的華蓋之下，仁如眾神之王。不過，《大事》也保留了一些有關佛陀的真實故事。如佛陀為釋迦族王子，放棄富貴生活而出家尋求人間之真諦等等。從嚴格意義上說，《大事》只是一部有關佛陀傳說的彙編。它的結構鬆散凌亂，插有許多佛本生的故事，內容主線也不清晰。但它所使用的語言為早期含俗語較多的混合梵語和後期含梵語較多的混合梵語，對研究佛教經典語言由俗語向梵語的轉變有十分重要的參考價值。

《神通遊戲》是一部大乘佛教的佛陀傳記集，是早期大乘佛教的經典。此書採用韻散相雜的文體，韻文用混合梵語，散文用梵語。全書敘述佛陀從降生至得道成佛以及初

轉法輪的過程，極力神化佛陀。《神通遊戲》中把佛陀描繪
為天上人間的至上神，是應眾天神的勸請，為解救人類而
降臨人間。他全知全能，無師自通包括漢文和匈奴文在內
的 64 種文字。《神通遊戲》是佛教文獻中第一部全面系統
地神化佛陀的作品，後世佛教文獻多以其為素材，對佛陀
生平加以渲染神化。因此，它對佛教文學的發展產生了重
大的影響。在文學表現手法上，《神通遊戲》也有可稱道之
處。全書體例嚴謹，層次清晰，為適應上層人物欣賞的需
求，詞語華麗，多用誇張的手法。這是早期佛教梵文文學
的重要特點之一。

古印度宗教藝術

　　印度先民在遠古時期即已開始藝術創作。印度藝術包
括繪畫、雕刻、建築以及音樂、舞蹈和戲劇等藝術形式，
門類齊全，品種繁多，琳琅滿目，美不勝收。其中繪畫、
雕刻和建築在世界藝術之林獨領風騷，具有極高地位，並
產生了廣泛而深遠的影響。

✦ 繪畫

　　印度繪畫藝術最早可以追溯到史學時期的巖洞壁畫。原始的線條畫是印度次大陸最早的視覺藝術作品。這些線條畫繪製印度的史前巖畫於巖洞之中，因此又稱巖畫。迄今已發現的巖畫達數百處，它們主要集中在以今中央邦首府博帕爾市為中心的半徑約 100 英里的範圍之內。印度巖畫的年代約從西元前 5500 年延續到西元 4 世紀。這些巖畫主要描繪狩獵場面和各種野生動物，也有描繪人類舞蹈活動或殯葬場景的。

　　早期巖畫的作者都是原始部落民，巖洞既是他們的棲身之所，也是他們的畫廊。這些巖畫主要畫在砂岩上。後期巖畫有表現騎馬、騎象和戰爭等人類生活內容的，也有表現巫術和屬於生殖崇拜的符號。從畫面可以看出，當時的武士已經在使用刀劍和盾牌。因此，它們顯然是鐵器時代的作品。所用顏料有紅、黑、粉、綠、藍、黃、橙、紫諸色，均為天然礦物顏料。在比姆貝特卡發現的巨幅巖畫《騎馬的人的行列與騎象的人》，氣勢恢弘，色彩絢爛，畫面內容已經十分豐富。據考古推斷，該畫可能創作於吠陀時期或還先於吠陀時期。有些巖畫的作者已經產生了原始的透視意識，在畫母牛時還要捎帶將其腹中的牛犢畫出，畫羚羊時竟然將其內臟也

要表現出來。這樣繪畫表現手法在全世界都是十分罕見的。史前巖畫是印度繪畫的起源之處，也是印度壁畫的前身。

　　從摩亨佐達羅和哈拉帕等印度河文明遺址發掘出來的赤陶圖案和印章影象判斷，在印度河文明時期，人們已經擁有很高的審美能力和繪畫技巧。在哈拉帕出土的碩大陶罐上，繪著寫實風格的鳥、樹和葉片。在現存兩千多枚印章中，動物形象構圖簡潔，筆法洗練，造型逼真，氣韻生動，真實生動地再現了野生動物原始生命的健康與活力。令人驚喜的是，在印章上還刻有想像或傳說中的動物獨角獸的造型，甚至還出現了人物或神的形象。沒有一定的繪畫基礎，是絕對難在方寸之間有所作為的。因此，據美術史家推斷，在印度河文明時期繁榮的城市中，可能已有壁畫存在。此外，從現有文獻看，繪畫在處於社會上層的人們的教育與生活中都十分重要。從文學作品中可以獲悉，國王的宮殿與富人的宅邸都飾有壁畫和木版畫。不過，由於年代過分久遠，已無法進行考證。

　　舉世聞名的阿旃陀壁畫是印度古典繪畫的成熟和典範之作，存於今德干高原馬哈拉施特拉邦奧蘭加巴德市西北100公里處的阿旃陀石窟。瓦科拉河（Waghora）奔流到這裡後形成一個近乎180度的大轉彎，河谷呈馬蹄形狀。阿

　　旃陀石窟就是在河谷高約 20 公尺的花崗巖陡壁上開鑿的，29 座石窟沿河谷排列，形成一個巨大的半圓。周圍林木蔥鬱，景色如畫。

　　壁畫創作時間約從西元前 200 年持續到西元 650 年，前後跨度達八百多年。由於佛教的衰微，在河谷中迴盪了 8 個世紀之久的斧鑿之聲終成絕響。

　　印度河流域出土的印章，與美索不達米亞的印章具有不同的藝術風格。以阿旃陀石窟為代表的豐富而絢爛的壁畫顯示，繪畫在古代印度已經是一種高度發達的藝術，並且取得了垂為典範的巨大成就。除了藝術和審美價值外，阿旃陀石窟壁畫還向我們展示了古印度人民社會生活的方方面面。向我們展現了真實的古印度社會生活的歷史畫卷，我們從中不但可以看到王公貴族以及名門侍女的生活，而且可以看到苦力、乞丐、農民、僧侶等形形聞名於世的阿旃陀壁畫色色的人物的形象。古代印度的服飾與風尚也逼真地呈現在我們面前。

　　阿旃陀石窟壁畫對於印度本土繪畫藝術和中國敦煌等地的石窟或寺廟壁畫產生過巨大的影響。英國《伯林頓》雜誌發表評論說，阿旃陀洞窟藝術「也許是亞洲最偉大的藝術奇蹟」。

✦ 雕刻

雕刻是一種造型藝術，它可賦予頑石以靈氣，也可賦予金屬以生命。從材質講，印度古代既有石雕，也有銅雕；從主題講，則既有佛教雕刻，也有印度教雕刻。無論在哪一領域，哪種材質，印度雕刻都取得了令人矚目的非凡成就。

據考證，印度先民至少在印度河文明時期就開始了雕刻藝術創作。在印度河流域發現的大量印章底面上，就鐫刻著動物、樹葉和神祇。這些印章大部分是用皂石、瑪瑙、象牙和青銅一類材料刻制的。它們一般呈方形，但也有呈圓形的；一般刻有牛的古印度印章刻有獨角獸的古印度印章邊長為 3 至 5 公分，但也有邊長達 7.5 公分的。這些印章的上部雖然大都刻有象形文字元號，並且在實際使用中可能更為重要，但動物雕刻往往占去大半面積，因而先聲奪人。由於所雕刻的動物大多為雄性，我們似乎可以認定，刻制和使用印章者都是男性；由此似乎還可以斷定，男性在印度河文明時期的家庭與社會中均占主導地位。

刻在印章上的動物的多種多樣，令人驚嘆不已。所雕刻的動物最多見的為黃牛、瘤牛、水牛、犀牛、象、虎、羊、羚、鹿、兔、鱷、蛇等實際生活中常見的動物，也有

存在於人們幻想與傳說中的動物或為標新立異而人為組合的動物。由於牛在印度社會與宗教生活中的特殊地位，牛的形象出現在印章中的次數最多，雕刻得也最為傳神。它們那渾圓的軀體似乎蘊涵著無窮的力量，微微低垂的頭彷彿就要發起進攻。這些寫實的或自然主義的雕刻雖然十分古樸，但其技法即使在今天看來也是十分嫻熟。這樣，一件生雕欄裝飾孔雀活中的實用品就變成了可供欣賞的藝術品。也有些印章上面雕刻了人或神的形象，但在氣韻上遠不如那些動物的形象生動。這是印度先民對雕刻藝術的初步嘗試。他們對動物題材偏愛的特徵，一直被後世的藝術家們繼承下來。

孔雀王朝時期的雕刻在印度藝術史上占有特殊重要的地位。在這一時期，石頭開始在印度被普遍用於建築和雕刻。這對於印度藝術的發展與傳世具有極其重要的意義。用於雕刻的石材，表面都打磨得十分光潔。這一特徵甚至成了鑑定孔雀王朝時期石雕的一個重要依據。

阿育王統治時期，是印度雕刻史上的輝煌一章。為了宣揚自己的功德，弘揚正法，他命人在帝國的許多地方尋找天然巖壁或建造石柱以刊刻詔書。他敕建的獨石紀念碑式圓柱是這一時期石雕作品的典範代表。這些石柱主要豎

立在佛陀生前的重要活動場所或通往這些聖地的重要路線上。雖然當時印度的建築與雕刻受到波斯帝國的影響，但豎立紀念柱的做法卻是出於印度固有的理念。它很可能是印度古代崇奉宇宙之柱的傳統的體現。在印度各地曾先後發現 30 多根阿育王石柱。

孔雀王朝時期的人物雕刻作品數量並不多見。在北方邦聖城馬土臘等古代雕刻藝術與文明中心，曾先後發現了當時遺留下來的 20 多尊巨大的石頭藥叉雕像。在今比哈爾邦首府巴特那附近，曾經發現兩尊無頭男性雕像軀幹。它們被認為是現存最早的耆那教聖人的雕像。此外，在巴特那市還發現了一尊砂石雕刻的藥叉立像，雖然其頭部及雙手已經缺損，但仍然可以看出這是一件技法熟練的成功之作。

在今中央邦首府博帕爾市東北方向約 50 公里處的桑奇，也有一座舉世聞名的佛教藝術寶庫。那就是在西元1989 年被列為世界文化遺產的桑奇大塔。它的雕欄和塔門是孔雀王朝之後極其重要的雕刻作品，而塔門浮雕尤其具有代表性。這些作品約作於西元前 1 世紀至西元 1 世紀初期安度羅王國領有中、南印度時期。當時，安度羅國國勢逐漸強盛，控制了印度許多重要的商路與海港。信奉佛

教的商人與富有的市民，為桑奇大塔的擴建和維修慷慨解囊。大塔原有的木頭圍欄遂被石頭圍欄取代。桑奇雕刻規模宏大，技巧細膩，刀工精湛，造型嫻熟，堪稱稀世之作。它在藝術上已經達到爐火純青的地步，因而成為印度早期佛教雕刻的代表作品。

從古印度的摩羯魚雕刻（西元前 100 年）、舞女銅像（西元前 3000 年）到著名的阿育王柱（西元前 242 至 241 年），西元 1 世紀中後期，在波斯、希臘和羅馬等外來文化的影響和互動作用下，印度佛教雕刻藝術發生迅速變化。在此背景下，舉世聞名的犍陀羅藝術產生了。

犍陀羅藝術是以希臘藝術風格表現佛教內容的一種雕刻藝術，代表了古代印度雕塑藝術的最高成就，是印度藝術與西方藝術融合的結晶。

犍陀羅地區位於今巴基斯坦印度河與喀布林河交匯處附近的白沙瓦谷地。這裡是印度次大陸的西北門戶，是一個將印度、中國和中亞與地中海、周圍的希臘 —— 羅馬世界連線起來的貿易網的中心。這種特殊重要的地理位置，使它成了東西方文化的交匯點。這裡既演繹了印度河和外族入侵者你來我往的歷史劇，也使印度文化與波斯、希臘、羅馬等外來文化水乳交融，從而在幾個世紀中形成了

東西方聯姻的藝術 ── 犍陀羅藝術。

　　犍陀羅藝術的創造者們在吸收外來文化營養的同時，既延續了印度風格手勢和坐姿的固定模式，又吸收生活中舞蹈、戲劇在表達人物內心世界的獨特的手語，創造了佛像手勢和坐姿的標準格式。這種格式在以後形成了亞洲各國佛像形象的標準模式。

　　犍陀羅的佛陀塑像，以《悉達多王子像》、《佛陀立像》最具代表性。《悉達多王子像》製作於 2 世貴霜時代印度後宮的守護神 ── 雅典娜，於犍陀羅出土，這是西元前 2 世紀典型的希臘化神像，現存拉合爾博物館，雕像寬 21 英尺。雕像中王子盤腿而坐，鬚髮蒼然，骨瘦如柴，眼窩深陷，肋骨參差突現，骨骼和血管清晰可見。但他神態安詳，正在瞑思人生的真諦。悉達多消瘦的形體與其面部表情反差極大，恰恰反映出他堅韌的性格和追求人生真理的毅力，具有震撼人心的表現力。《佛陀立像》則是創作於西元 2、3 世紀左右，高 1.42 公尺，是把希臘太陽神阿波羅與佛陀的特點相結合的藝術傑作。佛陀身穿羅馬式「陶格」袈裟，形象古樸、莊嚴。

　　犍陀羅藝術為後世繼承和發展。在笈多王朝時期，隨著印度教的復興，印度教神像雕刻也蔚成風氣。毗濕奴、

溼婆、黑天、太陽神、難近母等男女諸神的雕像紛紛問世。毗溼奴、溼婆等印度教諸神及其化身的大量精美雕像，構成了印度教影象的岩石百科全書。約開鑿於西元 8 世紀的第 16 窟凱拉薩神廟規模最為宏大。這座溼婆神廟高 30 公尺，內裡深達 90 公尺。溼婆神像及表現其功業的雕刻類乎鬼斧神工。同期開鑿的象島石窟是純粹的印度教石窟。門廊兩側與窟內巖壁上刻有表現溼婆諸相的 9 塊高浮雕，其中《溼婆三面像》最為著名。在中印度和南印度，大量印度教神廟都有著極其豐富多彩的雕刻，具有極高的藝術價值，令人目不暇給。與佛教雕刻不同的是，印度教雕刻以造型誇張、動感強烈和變化豐富為特徵。

✦ 桑奇大塔著名的塔門

古代南印度的泰米爾人十分擅長銅雕藝術。其中又以朱羅王朝的青銅雕像在印度最為著名。題材既有男女諸神、聖徒、國王、王后，也有動物。大小形制均有。由於朱羅國王虔信溼婆，溼婆神像備受青睞，其中尤以各種青銅舞王溼婆神像最為流行。約創作於西元 11 世紀的青銅舞王溼婆神像，是一件舉世罕見的藝術珍品。溼婆被塑造成三目四臂的裸體男性舞者形象，周身環以火焰光環。右上手持沙漏形手鼓，象聞名於世的薩爾納物獅子柱頭。建

於約西元前 242 至 232 年。徵著宇宙的創造；左上手持火焰，象徵著定期焚毀宇宙的動火。這兩條臂膀的平衡，象徵著宇宙生命創造與毀滅兩極的辯證統一。前右臂手作無畏式，前左臂手作模擬象鼻下垂的象手勢。右足踏象徵無知的侏儒，左腿凌空翹起，象徵著解脫。溼婆昂首挺胸，頭髮水平甩開，極富動態之美。這座銅雕，透過溼婆的神祕之舞象徵著宇宙的創造、保護和毀滅，從中透出了印度古人對宇宙演化的哲學理解。

由於伊斯蘭教反對偶像崇拜，所以穆斯林侵入印度後，佛教和印度教建築雕刻都遭到了不同程度的破壞。在穆斯林政權統治時期，印度雕刻藝術基本處於停滯狀態。

✦ 建築

印度最早的建築出現在印度河文明時期。摩亨佐達羅和哈拉帕是當時的兩座規模很大的城市。它們出現在西元前 3000 年至前 2000 年。從摩亨佐達羅遺址看，古建築規劃相希臘化的犍陀羅佛陀立像，犍陀羅地區馬爾丹出土，已體現出較高的水準，現存白沙瓦博物館。

印度建築藝術的真正開端是在孔雀王朝時期。這一時期的建築遺存下來的不多，但它們在歷史上卻曾對後世的印度教建築產生了深刻影響。阿育王石柱被認為是印度最

早的石建築，曾經廣泛分布於孔雀帝國的許多地方。從建築的角度講，阿育王石柱顯然是象徵主義的。

阿育王時期另一種重要建築是佛塔。傳說這位虔誠信佛的皇帝曾「敕建八萬四千塔」，用以分散儲存佛舍利。此數雖然未必確切，但阿育王時代造塔成風是歷史事實。在古印度所有的佛教建築中，桑奇大塔是印度早期佛塔建築的典型範例。塔的直徑約 37 公尺，高約 24 公尺。大塔中心半球形覆缽，始建於西元前 3 世紀，即阿育王時代，桑奇大塔的建造和完善前後跨越 4 個世紀，歷時近 300 年。在孔雀王朝之後的巽伽王朝時期，在大塔覆缽土墩外面壘砌磚石，塗以灰泥，頂上添建一方平臺和三層傘蓋，底部構築沙石臺基、雙重扶梯、右繞甬道和圍欄，始具現今規模。安達羅王朝時代，又在大塔圍欄四方陸續建成四座沙石塔門。桑奇大塔對後來的佛塔建築產生深遠影響。如今，桑奇大塔以它佛教聖地的地位和獨有的藝術魅力，吸引著世界各地憑弔佛教古蹟的眾多遊客。

✦ 笈多王朝時期的佛像

後來的佛教建築主要是寺院和石窟寺，散見於印度各地。其中最著名的有位於今比哈爾邦巴特那市東南的那爛陀寺。該寺建於西元 5 世紀上半葉笈多王朝時期，是印度佛教

學術中心，後屢有擴建，規模宏大，殿宇壯觀，聲聞海外。寺內寶彩、寶海、寶洋三大殿，實際是藏書甚豐的圖書館，其中寶洋殿高達九層，極為壯觀。宋《高僧傳》卷釋迦如來苦修像三《寂默傳》稱：「那爛陀寺，周圍四十八里，九寺一門，是九天王所造。」這樣一座享有盛譽的大型寺廟群，竟在西元 12 世紀末時毀於入侵穆斯林的兵禍，連寺中收藏著的無數珍貴的典籍也未能倖免於難。隨著佛教在印度本土的衰微，佛教建築在印度也成為過眼雲煙，輝煌不再。

　　還出現了石窟建築，如在今比哈爾邦巴拉巴爾丘陵開鑿的蘇達馬石窟和在伽雅附近龍樹山開鑿的洛摩斯里希石窟。它們開了後世印度佛教巖鑿支提窟、毗訶羅窟等石窟建築的先河。在巽伽王朝後期，即從西元前 2 世紀中期起，在今馬哈拉施特拉邦的加爾利和帕賈兩地，開始大量出現巖鑿支提窟。在隨後的漫長歲月中，佛教、印度教和耆那教的無數虔誠信徒，在印度開鑿了 1,200 多個規模大大小小的類似支提窟的石窟，構成印度藝術史上極其重要的一頁。

✦ 音樂、舞蹈和戲劇

　　印度音樂至少已有 3,000 年的歷史。西元前 1500 年前後問世的《梨俱吠陀》中的頌歌，可以被視為最早的歌詞。

《娑摩吠陀》則是上古時期的歌曲集，專供祭司在祭祀時吟唱。「娑摩」的意思就是曲調。因此可以說，與戲劇一樣，印度音樂也很可能起源於宗教祭祀儀式。

印度人將音樂視為一種能夠使人的靈魂超脫俗世並昇華到佛祖投胎的藝術。例如館藏於加爾各答博物館的酷愛音樂哥舞的吉印度人，這尊哈拉帕出土的舞蹈人像象徵精神世界的崇高藝術形式，而印度文明歷來就有輕物質重精神的傾向，音樂自然在印度人的生活中和心目中占有神聖地位。

✦ 正在打鼓和奏樂的一群樂師

古代印度盛行宗教，音樂是宗教儀式的重要組成部分。婆羅門經典《娑摩吠陀》就是一部歌曲集，是為祭司詠歌而編定的，詩歌主要起類似樂譜音符的作用。印度的宗教祭祀活動很多，有的規模相當大。如馬祭，參加者有國王、王族成員、官吏、士兵、祭司等。祭司有勸請者、詠歌者、行祭者和祈禱者。他們各有三名助手。詠歌者在祭祀時，專司演唱娑摩歌之責。此外，還有大批歌舞演員和鼓樂手參加，氣氛十分熱烈。

佛教音樂也是相當有名的。古代印度佛教寺院林立，寺院中佛音縈繞，鐘聲不絕，呈現出「梵唱屠音，連簹接

響」的情景。佛教的樂曲，不僅有為宣揚佛教教義的，還有僅供人們欣賞之用的。後者如《沙石彊》、《天曲》。這兩首名曲，西元 4 世紀由印度傳入中國前涼小王朝所在地涼州，後在中國內地流傳了很長的時間。

印度人大多能歌善舞，因而民間音樂也十分發達。古典音樂主要滿足審美需求，而民間音樂卻具有各種社會功能。人們在生產勞動和日常生活中都需要音樂。在豐收季節、娶妻生子之時，人們載歌載舞，以示慶祝。所以，在印度的山野林間、河流海洋之上，都可以經常聽到旋律優美的歌聲。西孟加拉、馬哈拉施特拉和安得拉等邦的民歌都富於地方特色因而十分著名。印度民間音樂的音域十分寬廣，許多民間歌曲可以達到三個八度。

為了使唱頌更富情感，印度人使用了各種樂器。印度樂器品種繁多，主要分為弦鳴樂器、革鳴樂器、體鳴樂器和氣鳴樂器四類。其中七弦樂器維那琴、西塔爾琴、雙面手鼓等都很有特色，也都具有豐富的表現力。

印度是個充滿神話色彩的國家，舞蹈也不例外。舞蹈在印度被認為是神的創造物，舞蹈者的惟一目的是為了取悅於神。它的原始形式，大約起源於古代祭祀典禮時人們的手舞足蹈，一方面向神表示虔誠，一方面向神表達祈

求，例如求雨、求豐收、求平安等等，它也是人們歡樂情緒的一種動態的流露。

印度的音樂、舞蹈之神——溼婆。舞蹈在印度既是娛樂又是勸善的藝術形式。有關舞蹈的產生，有一個神話傳說，相傳遠古時，在兩個時代更換交替之際，凡人染上了種種惡習。於是人們祈求梵天賜給人間一種玩具，它不但可看，而且可聽，這樣便可把凡人的興趣從惡習中吸引開。梵天答應了，他閉目靜思，最後決定給凡人第五部吠陀，那就是「戲劇吠陀」。這部吠陀中包含了人世所有道德的精華。另一個大神溼婆在這一戲劇中使用了自己的舞蹈藝術，因此他被尊為「舞蹈之王」。

在印度演出舞蹈時，臺前往往要放一尊有四隻手的「舞蹈之王」溼婆的神像。至今，這個習俗還在流傳。他的右上手拿著一面達莫如鼓，象徵著創造，有的說象徵各種聲音；他的右下手象徵神的保護和祝福；他的左上手持燃燒的火焰，象徵著他可以毀滅他所創造的一切，有的人說它象徵謬誤的毀滅舞神溼婆踩著無知的侏儒阿修羅，他上面的一雙手拿著小鼓，拍打出創造宇宙的節奏，而下面的一雙手則賜福給他的信徒。這個男性軀幹呈典型的跳舞儀式。後人據此畫了舞者素描。和真理的傳播；左下手像象

鼻那樣垂向抬起的腳，象徵著不受一切羈絆的自由；右腳踩住一個魔鬼，這個魔鬼名叫莫亞拉卡，象徵著善征服惡；左腳上抬，象徵著超脫塵世，向上升騰。舞神周圍的圓周裝飾，象徵著懷抱人們的大自然。這尊舞王之像形象地啟示了印度舞蹈的宗旨。

印度舞蹈有四大流派，它們是：婆羅多舞、卡塔卡利舞、曼尼普利舞和卡塔克舞。印度最流行、最古老、影響最大的舞蹈是婆羅多舞。這種舞蹈最初是在印度教廟宇裡跳的。那時每個大廟裡都有一些「戴舞達西」，意為「神的女僕人」。這些人從小就被送進廟裡，一輩子不結婚，惟一的「神聖使命」是獻舞給神，使神高興。後來這些舞蹈逐漸流傳到廟外。

古代印度舞蹈題材廣泛，有宗教、神話傳說、宮廷佚事、以及勞動人民日常生活的題材。宗教題材多取自《吠陀》。舉行宗教儀式時，經常伴以舞蹈。寺廟裡專門傳授舞蹈技藝的女演員叫「提婆達西」。印度人家喻戶曉的兩大史詩，更是常常用來作舞蹈表演的題材。舞蹈家用其優美的動作，頌揚英雄人物，表示正義、善良必將戰勝邪惡的思想。

戲劇在印度也存在了很長時間，非常古老。祭禮與節慶的盛典、宗教性的遊行、古老的舞蹈、史詩的誦唱，

這些綜合因素造就了印度戲劇，並且賦予它一種宗教的特性。

最早的戲劇面具，距今有 5,000 多年。不過，在阿育王之前古印度還沒有戲劇的確切實據，但在孔雀王朝之後的貴霜王朝，戲劇已有重大成就。當時國王迦膩色迦的朋友、佛教宗師和詩人馬鳴就是有名的劇作家。目前流傳至今的古戲中就有他三個劇本保留下來，其中的九幕劇《舍利佛傳》說的是釋迦牟尼的兩個大弟子舍利弗和目連改信佛教的故事。文學史家們認為，該劇本說明古代印度戲劇此時已達到完全成熟的階段。大約在西元 2 至 3 世紀，相傳是首陀羅迦的作品《小泥車》，則是代表古印度戲劇成熟的不朽之作，此劇以通俗劇與幽默的完美結合，夾雜著極具詩意的熱情。

豐富的戲劇實踐使印度出現了戲劇理論。西元 2 世紀婆羅多牟尼著的《舞論》，不僅全面論述了戲劇，也兼及舞蹈和音樂。它對劇本、導演、表演、臺詞、角色、服飾、化妝、音樂、舞蹈、劇場等問題都有精湛恰當的論述。它把文學作品中的情調列為豔情、恐怖等 8 種，認為情調是文學作品的核心和靈魂。這是印度第一部重要的戲劇理論著作。

　　古代印度人對音樂、歌舞的痴迷、表現於他們不僅將
其當作生活的必需，而且加以神化，以寄託自己對美好生
活的嚮往。

古印度的自然科學與技術

數學

　　印度數學的歷史，可以追溯到印度河文明時期，當時出現的祭壇以及城市建設和規畫，需要一些基本的測量和計算。那時期的商人在與西亞國家進行貿易時，也需要一些基本的數學知識。可以說，印度古代數學的產生與宗教有著密切的關係，在吠陀文獻中就包含著明顯的數學內容。數學的發展推動了天文學的發展，反過來，天文學也促進了數學的進步，這也與印度的宗教傳統有明顯關係。

✦ 阿拉伯數字實為「印度數字」

　　數學是一門嚴謹的學科，數學計算的最重要基礎是「阿拉伯數字」，而這個名稱卻是一個歷史的錯誤。其實，這些數字從「1」到「0」與十進位法，都是源自古印度。由於這些數字由阿拉伯人傳到了西方，於是西方人便將這些數字稱為「阿拉伯數字」，以後，一傳十，十傳百，世界各地也都認同了這個說法，「阿拉伯數字」也就約定俗成了。

　　古代印度數學最大的成就之一是數字的發明。西元 2 世紀時古代印度人發明了 1 至 9 的數字，用梵文字頭來表示。

　　除 1 至 9 的數字外，印度人還發明了零。在西元 8 世紀算術書中的一些算題，有小點「。」的記號，叫做「空」。「空」有兩個意思，或為尚不清楚的東西，有待於發現填補上去；或為位值記數法，如 3 與 7 中間空一格為 3。7，表示 307，為了避免不清楚，空格外加上小點為 3 ⊙ 7，也就是說十位數一無所有，這就相當於現在的零號。小點寫作 0，至少在西元 9 世紀中葉就定下了。

　　印度的數字首先傳入了中東地區，西元 8 世紀時一位花拉子模人名叫穆罕穆德，用阿拉伯文寫了一部介紹數字和計算方法的書。西元 12 世紀，阿拉伯文的數學著作傳入了歐洲、中亞細亞等地。當時歐洲人使用拉丁數字字母，筆畫冗長笨拙，故很快就普遍採用印度數字字母。歐洲人以為這些數字是阿拉伯人發明的，故稱之為阿拉伯數字。西元 13、14 世紀阿拉伯數字傳入中國，但並未得到推廣。這是因為中國有自己的記數法，也是十進位制，而且漢字一至九的筆畫也很簡單。直到西元 20 世紀，中國數學家與其他國家數學家交流頻繁，需要採用國際上通用的阿拉伯數字，阿拉伯數字才在中國流行起來。

　　印度數字的發明，對世界數學的發展有重大的意義。印度數字雖經過了長時間的發展過程，但在古代時期就已

基本形成。所以說，數字的發明是古代印度數學的突出成就之一。

✦ 代數學和幾何學

　　古印度人還發展了代數學。有趣的是，古印度代數知識是用詩的形式表現的，我們不妨來欣賞笈多時代的兩首詩：

　　一群蜜蜂有 1/5 停在一支花上面，1/3 停在另一支花上，兩個數目之差的 3 倍飛到第三支花上，剩下的一隻蜜蜂在空中盤旋飛舞，美好的夫人，試問蜜蜂有多少隻？

　　8 塊玉，10 塊翡翠，100 粒珍珠，這些都鑲在你的耳環上，我的愛人，這些珠寶我為你購買時所出的價值相等，三種珠寶價值之總和半百減三。告訴我每樣的價格，幸運的夫人。

　　在幾何學方面，《準繩經》是重要的代表著作之一。《準繩經》記載了面積相等的正方形與長方形、正方形與圓形、正方形、長方形和三角形的繪製方法。列出計算正方形的對角的公式，即邊長的 1/3，再加上這 1/3 的 1/4，減去此 1/4 的 1/34，就得 1/2 的值。這一公式的計算是相當精確的，與現代數學家計算的偏差僅在小數點後的六位數

上。《準繩經》指出，求圓的面積時先把圓的直徑分成 8 等份，再把這 8 等份的 1 份分為 29 等份，略去其中的 28 等份，減去這 29 等份的 1/6，再減去這 1/6 中的 1/8，就可得出計算圓的半徑 (r) 與等級正方形邊 (2a) 的比數公式。

關於幾何中的重要定理勾股定理，印度人也很早就推算出來了。

醫學

古代印度很早就有醫學方面的知識。在哈拉帕文化時期，摩亨佐達羅住宅發達的衛生裝置，如浴室和排水系統，顯示人們較注意保持身體的潔淨，以防止傳染疾病。遺址中還發現多種藥品，如五靈脂，為暗棕色的溶液，治療消化不良、肝病、風溼病等；烏曲骨，外敷可治耳、眼、喉和皮膚等方面的疾病，內服開胃；羚羊角、鹿角、珊瑚、尼姆樹葉等，也都可以入藥。當時人們已知道在頭蓋骨上打孔，以治療頭痛等疾病，這是一種難度較大的腦外科手術，這顯示當時的醫療技術和裝置已達到了相當高的水準。

　　吠陀文獻上對疾病的治療有較多的記載。雖然當時人們對這些疾病的起因還歸結到鬼神、惡魔身上，在治療時，祭司唸咒語或施展魔法驅除疾病，但在吠陀文獻中，也有一些具有科學內容的醫術記載。如治療病人時，用各種草藥配成的藥方，每味草藥都有特定的療效。外科能做剖腹、截肢等手術。

✦ 最早的整形外科術

　　對於現代人來說整形美體並不新奇，但如果是在兩千多年前，就足以令我們嘆為觀止了。古印度醫學最聞名於世的地方，就是它的整形外科術，特別是耳朵和鼻子的整形術。這是有史以來世界上發現的最早的整形外科術。

　　整形外科術印度比較發達的原因是古印度人愛漂亮，尤其喜愛美化耳朵和鼻子。古印度人相信，拉長耳垂能夠驅除惡鬼，還能夠美化容貌。因此，小孩生下來後，家長都要給自己孩子的耳朵上打孔。當然，打孔的工作得由專業的整形醫生完成。他們先在耳垂上鑽出一個小孔，將消毒過的軟布塞在孔裡。如果沒有被感染，每隔三天醫生就要在孩子的耳孔裡塞進更大的軟布或吊上木環和鉛墜，使耳朵的皮膚慢慢地拉長。要是不慎將耳朵撕裂，則同樣要醫生進行修補。古印度的醫學典籍《妙聞集》對如何修補

作了詳細的記載。大致過程是：整形醫生先從耳垂破損者的臉上切下一塊活肉，然後用手術刀在準備再造耳垂的部位切上一個刀口，將臉上的肉移植到耳朵部位進行縫合、包紮。

古印度的鼻子成形術也是一項高超難度很大的技術。修復或者再造鼻子的手術同樣採用同體移植術。按照《妙聞集》的記述，移植的皮膚取自患者的前額，也要像耳垂手術一樣在再造鼻子的部位切上刀口，然後將這塊鼻子形狀的皮膚表面朝外，包住兩根當做鼻腔的人工導管，分別從人造鼻子的兩邊進行縫合，固定在面部。

古印度的鼻子整形術還傳播到世界其他地方。最先是阿拉伯人學習和繼承了這項技術，然後阿拉伯人將其傳播到地中海地區。1400 多年後，西西里人學會了鼻子再造術。而西方現代的整形術直到西元 18 世紀以後才出現。

✦ 最早的牙齒護理

印度醫學可能是世界上最早注意並倡議護理牙齒的。古印度著名的醫學家遮羅迦在論及預防疾病時專門提到保護牙齒的重要性，他主張每餐飯後用清水漱口，同時用齒木刷牙。這在當時的印度漸成風氣，以至於引起了中國唐代旅印高僧義淨的特別興趣與關注。他在《南海寄歸內法

傳》卷一中記載：「每日旦朝，須嚼齒木。揩齒刮舌，務令如法。鹽漱清淨，方行敬禮。若其不然，受禮禮他，悉皆得罪。其齒木者，梵雲憚哆家瑟詫。憚哆譯之為齒，家瑟詫即是其木。長十二指，短不減八指，大如小指。一頭緩須熟嚼，良久淨刷牙關。若也逼近尊人，宜將左手掩口。用罷擘破，屈而刮舌。或可別用銅鐵，作刮舌之篦。或可竹木薄片如小指面許，一頭纖細，以剔斷牙，屈而刮舌，勿令損傷。」

如此看來，在古代印度，刷牙事關重大，不僅關係到與待人接物的社交禮儀，而且直接關係到個人健康。這與現代文明衛生理念是十分接近的。刷牙的工具齒木可以說是現代牙刷及牙籤的前身。按照義淨的記載，「舉凡柞條葛蔓、楮桃槐柳，皆可用為齒木」。但是，「其木條以苦澀辛辣者為佳，嚼頭成絮為最。粗胡葉根，極為精也。堅齒口香，消食去。用之半月，口氣頓除。牙疼齒㥤，三旬即愈」，「牙疼西國迥無，良為嚼其齒木」這種原始的牙刷，效果竟然不錯。難怪義淨要不厭其煩，詳細記載，以傳東土。

✦ 毒品和獨特的冷藏術

古印度人早在三千多年前，他們就學會了種植大麻和製造毒品。

　　一般人都以為，大麻最早出現在美洲，在哥倫布到達美洲後開始種植大麻。事實上，大麻的主要發源地就是印度河流域，以至歐洲的醫生都稱大麻為「印度大麻」。古時候印度人制作大麻的方法非常簡單，將大麻磨成粉末，與牛奶、食糖和香料混合，製作成「麻醉茶」。麻醉茶具有興奮神經的功效，飲用者會出現瘋狂、嗜睡、情欲亢進或食欲大增等症狀。

　　如果說毒品是古印度人給人類開啟的潘多拉盒，帶來了不幸和罪惡，那麼他們獨特的冷藏術則是對人類的一個貢獻。在氣候比較炎熱的古印度，印度人採用了不需要冰塊的獨特的冷藏術 —— 無雪冷卻。

　　操作技術其實並不複雜，就是利用了很簡單的輻射和蒸發的物理原理。白天，人們將水放在陽光下讓它晒熱，待夜幕降臨後，把水中的沉積物過濾掉。然後，把一種淺底土壇放在房子的最高處，再一點一點往土壇裡澆白天晒熱的水，一直到天亮。到破曉時分，就可以將罈子取下，這時，土壇裡的水就已經像冰水一樣透心涼了。它的原理是水的熱量輻射到空氣中，讓水在空氣中冷卻。而往罈子裡澆水可以促使熱量透過蒸發散熱，這也與人體出汗能夠降溫同理。用這種方法涼水，可以使它的溫度比周圍的溫

度低上 21℃。

在沒有冰箱的時代，這種冷藏法不失為一種有效而且節能的方法。說不定哪一天你也會用上這種「土辦法」。

✦《羅伽本集》

《羅伽本集》是古印度列國時代一位名叫阿特里耶的醫生的醫術整合，是現存西元前最後幾個世紀印度醫學知識最好的淵源。

《羅伽本集》共 8 篇，論述疾病、醫藥、病理、飲食、人體解剖、胚胎等方面的醫學知識。

《羅伽本集》記載了對人的機體的認識。書中認為，人是由地、水、火、風四大因素合成的有血有肉的軀體。人身體的器官處在變化之中，但由於其變化不易被人們所察覺，所以人們產生一種誤解，以為機體是長時間不變化的。這就是說，人體機能存在著新陳代謝的過程。書中還指出，人體的疾病是人體內部各種生理因素失調的反映，是自然的現象，這在古印度是既大膽又先進的結論。醫生應仔細研究病因，對症下藥。由於不同藥物的療效不同，醫生還必須熟知藥物的效用，才能制定出正確的治療方案。書中還指出，身體機能的變化與人所吃的東西也有很

大的聯絡，食物飲用不當，會引起體內器官的病變。治療病人時，注意用藥物調整人體內部諸物質因素的平衡。《羅伽本集》的醫學觀點具有一種實證科學的特點。

《羅伽本集》還討論了醫生的道德品格問題，指出醫生應了解醫學理論的內容，應有豐富的實踐經驗。他們應謙虛文雅、不生氣、無不良嗜好、愛乾淨。醫生行醫的動機不是為了金錢，而是對他人的憐憫。

《羅伽本集》雖是一部內科學經典著作，但卻體系完備，歷來有「古印度醫學百科」之美譽。

✦ 名醫耆婆

摩揭陀王頻毗沙羅的御醫耆婆，是列國時代名醫之一。他年輕時在塔克西拉城拜師學醫，學習十分刻苦，深得老師的喜愛。據說他學習多年後，一天老師讓他到城外採不能製藥的草，他到處尋找，沒有尋得。老師高興地告訴他學業已成，可以獨立行醫了。耆婆學成後，懸壺濟世，救死扶傷。他身為御醫，不僅為佛陀、頻毗沙羅王等人治病，也為一般勞動大眾看病。據漢譯《四分律》記載，王舍城有一個人得了重病，耆婆為其治療時，問他能否做到左側臥 7 個月，右側臥 7 個月，仰臥 7 個月，病人說能做到。於是耆婆開啟他的頭顱，取出兩條蛆蟲，再縫好傷

口。這位病人朝每個方向躺了 7 天，21 天就痊癒了。耆婆事後解釋說，若不先要求他躺 7 個月，恐怕他連 7 天都躺不住。可見，耆婆不僅有高超的外科醫術，而且深知病人心理活動對治療的作用。耆婆的內科醫術也相當高明，他配製的一些藥方長期流傳。如「耆婆湯」，治療風勞虛損；「耆婆萬病丸」能醫治黃疸、癲癇、瘧疾、水腫、咳嗽、以及婦科病等等。耆婆的醫術也傳入中國，《宋史‧藝文志》錄有《耆婆脈經》（三卷）、《耆婆六十四問》（一卷）和《耆婆五藏論》（一卷）。唐代醫藥典籍《外臺秘要》對耆婆的一些醫方有記載，並說「服藥不過三劑，萬病悉除」。此說雖有誇張之嫌，但也反映耆婆的醫方療效是相當有效的。

天文曆法

✦ 早期的天文學知識

古印度天文學的產生，和宗教信仰與農業的需求密切相關。在哈拉帕文化的遺址中，考古學家們並未發現與天文學直接有關的遺址和遺物，但可以確定，當時人們已經有了天文學方面的知識。據摩亨佐達羅規劃整齊的城市建

築，呈東西或南北走向的街道，可以推斷人們在一定程度上掌握了日月星辰出沒的規律，並以此確定東西南北的方向。哈拉帕文明的農民種植多種作物，表示他們熟悉不同季節的特點，並按不同季節來安排農時。

在吠陀時代的文獻中，關於天文方面的知識有較多的記載。《梨俱吠陀》中有不同季節的詞語。書中說，神在天空舉行祭儀，以布魯沙（原人）為祭品，春是它的酥油、夏是柴薪、秋是祭品。《梨俱吠陀》還提到，在天堂有一個轉動不息的巨輪，巨輪的兒子火神居其中央，度過了 360 個晝夜，其意是指一年有 360 天。《梨俱吠陀》又有「沙姆沙爾帕」之詞（samsarpa），意思是偷偷進來的月份。這說明，人們知道一年 360 天與實際天數不符，故多置一月（閏月）。不過早期吠陀時代，人們的天文知識還不夠完善，不成系統。

至後期吠陀時代，雅利安人轉為農業定居生活。雅利安文化基本形成，作為其內容之一的天文知識也豐富起來了。後期吠陀文獻中，出現觀星者（nakshatra — darsha）一詞，觀星者大概是婆羅門祭司，觀察天象是他們的一項重要工作。當時，許多星體的名稱已確定，如流星、行星、掃帚星、金星、水星、土星、北斗星等等。印度人對太陽

運作的規律也有認識，認為太陽 6 個月漫遊北方，6 個月漫遊南方，在南北方向移動。後期吠陀時代的天象學知識，已相當豐富，而且達到了較高的水準。

後期吠陀時代，曆法制定出來了。但各地的歷法還不統一，有的以 12 個月為一年，一月 27 天，一年 324 日；也有的以 13 個月為一年，一年 351 日；還有的以 12 個月為一年，其中 6 個月 30 天，稱之為大月，6 個月 29 天，為小月，一年共 354 日；又有世間年之說，一世間年 12 個月，每月 30 天，共 360 日。每 5 年為一週期，稱作一瑜伽，置一閏月，以調整歲差。一年中不同季節的名稱也出現了，或稱春、熱、雨、秋、寒、冬 6 季，或稱冬、夏、雨 3 季，還有 4 季、5 季之分。每月時間的劃分，大體分望日和朔日兩種。望日，由望至望為一月，運用較為普遍。朔日，由朔至晦為一月，多流行於南方。一天的時間也有多種分法，或分上午、中午、下午和晚上四段，或分得更細，一日 60 卡底伽（Ghattika），一卡底伽相當於 24 分鐘。

✦ 天文學的建立

至列國時代，人們對天象的認識有了進一步的發展，更具有科學的內容，天文學成為一門專門的學問。西元前 4 世紀至西元前 3 世紀，產生了古代印度第一篇天文學

專文，即附錄於吠陀本集後之《吠陀支節錄》中的〈天文篇〉。〈天文篇〉主要敘述天文曆法的實際運用書中詳細說明了計算太陽和月亮位置，以及測量春分點位置的方法，還列出了二十七宿的名稱。它是人類天文學史的重要內容，也是古代世界科學史上的一件大事。

史詩《摩訶婆羅多》也記載了許多天文學方面的內容。如以為日食和月食都發生在望日或朔日。在金木土水火五大星之外，實為黃道（人所視太陽一年間在恆星之間的路徑）和白（（月亮在天球上的執行軌道）升降的兩個交叉點。書中還說到，行星和恆星有向前、向後兩種執行方式，並描述了行星在恆星間的位置。

六季分法：漸熱 1 月 16 日 —— 3 月 15 日；盛熱 3 月 16 日 —— 5 月 15 日；雨時 5 月 16 日 —— 7 月 15 日；茂時 7 月 16 日 —— 9 月 15 日；漸寒 9 月 16 日 —— 11 月 15 日；盛寒 11 月 16 日 —— 1 月 15 日。三季分法：熱時 1 月 16 日 —— 5 月 15 日；雨時 5 月 16 日 —— 9 月 15 日；寒時 9 月 16 日 —— 1 月 15 日

四季分法：春 1 月 16 日 —— 4 月 15 日；夏 4 月 16 日 —— 7 月 15 日；秋 7 月 16 日 —— 10 月 15 日；冬 10 月 16 日 —— 1 月 15 日

✦ 古印度宇宙論

古代印度人對宇宙形成的過程也有了初步的探索。在列國時代，有妙高山宇宙論，各教派妙高山宇宙論的內容又有不同。婆羅門教文獻說，地球基點為一個正方體。基點之上層層累積許多依次縮小的正方體，形成一金字塔狀。塔頂之最小的正方體稱妙高山，是諸神居住之地。圍繞地球的是在水平面上形成的一些類似正方形的太陽軌道，此軌道上面是月球軌道，月球軌道上又有其他不同星體的軌道，從而形成為金字塔狀軌道圈。

約西元前 200 年耆那教的《太陽讀本》認為，地球是以妙高山為中心的一個圓盤，北極星在其上方，圍繞地球的是 7 個同一中心的海洋和大陸，行星的共面旋轉則從妙高山自東向西。佛教文獻《舍羅僧伽》等則認為，妙高山的上半部露出陽面。在它們的最外圍是被稱作宇宙石（岩石山嶺）的圈。妙高山與外圈之間，有 7 個石頭環和 7 個海洋。海洋的水是相當稀少的，連孔雀的羽毛也不能浮在上面。從上述幾種妙高山說看來，可知古代印度人對宇宙形成的認識還是不夠深入的，還帶有猜測的成分。

古印度人對宇宙的認識受當時他們所信仰的宗教影響頗深，這與他們所處的時代的局限性是離不開的。

電子書購買

爽讀 APP

國家圖書館出版品預行編目資料

諸神的繆思，古印度文明的神話與哲思：從哈帕拉到孔雀王朝，婆羅門教到佛教，深度探索古印度的文化與科學成就 / 孟飛，林之滿，蕭楓 編著 . -- 第一版 . -- 臺北市：崧燁文化事業有限公司 , 2024.04
面；　公分
POD 版
ISBN 978-626-394-173-1(平裝)
1.CST: 古印度 2.CST: 文明史
737.08　　113003950

諸神的繆思，古印度文明的神話與哲思：從哈帕拉到孔雀王朝，婆羅門教到佛教，深度探索古印度的文化與科學成就

臉書

編　　　著：孟飛，林之滿，蕭楓
發 行 人：黃振庭
出 版 者：崧燁文化事業有限公司
發 行 者：崧燁文化事業有限公司
E - m a i l：sonbookservice@gmail.com
粉 絲 頁：https://www.facebook.com/sonbookss/
網　　　址：https://sonbook.net/
地　　　址：台北市中正區重慶南路一段六十一號八樓 815 室
Rm. 815, 8F., No.61, Sec. 1, Chongqing S. Rd., Zhongzheng Dist., Taipei City 100, Taiwan
電　　　話：(02) 2370-3310　　傳　　真：(02) 2388-1990
印　　　刷：京峯數位服務有限公司
律師顧問：廣華律師事務所 張珮琦律師

定　　　價：299 元
發行日期：2024 年 04 月第一版
◎本書以 POD 印製